Edição Leonel Prata
Ilustrações Paulo Caruso
Revisão Mônica Kalil
Capa e projeto gráfico Marcílio Godoi
Tratamento de Imagens e Montagem Memo Editorial

Castrucci, Cristiana.
Alice voltou pra casa / Cristiana Castrucci ; ilustrações Paulo Caruso.
– São Paulo : MGuarnieri Editorial, 2018.
160 p. : il.

ISBN 978-85-62951-08-4

1. Câncer de mama, tratamento, aspectos psicológicos. I. Título.

CDU 159.9:616-006.6

Fabyola Lima Madeira – CRB: 2109

CRISTIANA CASTRUCCI

ALICE

Voltou pra casa

ILUSTRAÇÕES

PAULO CARUSO

mg guarnieri EDITORIAL

SÃO PAULO - 2018

“— Concordo inteiramente com você – disse a Duquesa – e a moral disso é: ‘Seja o que você pareceria ser’. Ou se você preferir isso dito de uma maneira mais simples: ‘Nunca se imagine como não sendo outra coisa do que aquilo que poderia parecer aos outros que aquilo que você foi ou poderia ter sido não fosse outra coisa do que o que você poderia ter sido parecia a eles ser outra coisa’.

— Acho que eu poderia entender isso melhor – disse Alice de maneira muito educada – se estivesse tudo escrito. Mas, desse jeito, eu não consigo entender o que você quer dizer.”

(**Lewis Carroll**, *Alice no país das maravilhas)*

RECORTES

Eu me recortaria em mil pedaços, se pudesse, e colaria tudo novamente, do mesmo jeito, à mesma moda, no mesmo lugar.

Pegaria cada tirinha e, quando a recolocasse,
lembraria com carinho de cada pedaço que construí,
cada sonho que realizei,
cada alegria que vivenciei.

E as tristezas?
Eu as colocaria também no mesmo lugar,
feliz em saber que as superei com tanta intimidade e sabedoria.

Sejam quais forem meus pedacinhos, no final das contas, estarei presente e ciente das formas e rabiscos que a vida me ofereceu.

Sempre grata!

DEDICO

Aos meus pais, Ana Maria e Antonio Carlos, meu respeito;

Aos meus filhos, Vittorio, Luigi e Giulia, meu amor;

Aos meus irmãos, Andrea, Carlos e Antônio, meu apoio;

Às minhas amigas, minha gratidão;

Ao meu companheiro, Teo, minha alegria;

À minha prima Priscila, minha admiração.

ÍNDICE

PREFÁCIO
Alice

Ao receber o convite para fazer a apresentação deste livro, refleti sobre como as questões suscitadas na leitura reverberavam em mim e como eu poderia contribuir de alguma forma com outros leitores.

Como terapeuta e como leitora, conectei-me com as pérolas que Cristiana nos traz na simplicidade complexa de "Alice".

Alice é uma maneira criativa de utilizar a história, aparentemente infantil, de *Alice no país das maravilhas*, repleta de metáforas, algumas vezes de maneira lúdica, servindo de pano de fundo e diálogo entre seus dramas internos, seu sofrimento perante as incertezas de cura, tratamentos, sequelas, crises existenciais e tímida esperança. Cris retrata a impotência de um ser humano diante do medo da morte.

Nesse sofrido processo, com idas e vindas entre o fundo do poço e a luz no final do túnel, Cris nos mostra seu caminho real e sua trajetória emocional, que ia clareando à medida que ela revia seus conceitos, preconceitos, valores e aumentava sua fé.

Ao relatar a situação de vitimização em que se encontrou em muitos momentos, teve a coragem de reconhecer esse lugar e dele sair, assumindo sua dor e se ressignificando, com garra e força, para enfrentar a si mesma e descobrir novas possibilidades, o que contribuiu para sua melhora.

O próprio fato de escrever este livro demonstra a elaboração de seus sofrimentos e medos, forma saudável de compreender tudo o que estava se passando em seu mundo interior, onde, como veremos em seus relatos, travou-se a maior batalha.

Uma descida aos porões mais profundos da alma.

Freud contribui muito nessas questões. Ao trazer o conhecimento do aparelho psíquico, percebeu que havia algo imponderável, não passível de controle, organizando o conceito de inconsciente. Esse inconsciente, que determina nossas ações e reações na forma de complexas tramas, tem muito a ver com o assunto em pauta.

Os conflitos psíquicos que nos acompanham nas diversas situações, geralmente com cargas de cobrança, censura ou trauma, estão sendo estudados e trabalhados em processos terapêuticos para que se entenda melhor e se auxilie o processo pessoal.

Jung, com o conceito do inconsciente coletivo, mostra que, quando uma pessoa se transforma, ela não transforma somente a si mesma, mas também outras pessoas ao seu redor. Com este livro, Cris nos dá uma lição de vida. Ao se transformar, poderá transformar pessoas que estejam passando por situações semelhantes à dela. Estudos comprovam, cada vez mais, que podemos alterar energias e atingir objetivos ditos inatingíveis, dependendo de como lidamos com as situações.

A neurolinguística nos diz que, alterando pensamentos, podemos alterar emoções e sentimentos. Transformar pensamentos negativos em positivos e modificar nossas crenças limitantes é algo que pode alterar nossas energias e influenciar até nossas células, auxiliando-as a reagir e contribuindo com os tratamentos médicos. Os pensamentos podem se materializar em ações.

As pessoas que se utilizam desse recurso podem conseguir resultados mais satisfatórios em qualquer área de sua vida. A questão não é o problema em si, mas, sim, como reagimos aos problemas que a vida nos apresenta.

Aceitar o problema, aceitar a nós mesmos, é um ponto de partida.

Em meio a esse turbilhão de sentimentos e emoções tão conflitantes, a autora busca ajuda na espiritualidade e na terapia.

Nesse doloroso processo, a psicoterapia pode ser uma oportunidade para que a pessoa, conhecendo-se mais, possa entender e elaborar melhor suas questões e, consequentemente, lidar de maneira mais assertiva com suas controvertidas emoções.

O processo terapêutico ajuda a organizar a mente e colocar o foco no positivo, sendo um facilitador para a pessoa assumir o controle sobre si mesma, sem se sentir soterrada por pensamentos angustiantes e sentimentos negativos, que podem retardar ou mesmo impedir o processo de autocura.

A pessoa que descobre um câncer geralmente passa por um estado de desequilíbrio e é comum desenvolver mecanismos que prejudicam o quadro, atrapalhando o processo de cura ao gerar estados depressivos, ansiedade, estresse. Perguntas invariavelmente aparecem – por que eu tenho câncer? o que eu fiz de errado? quanto tempo vou viver? –, além de outras preocupações com a família, como quem cuidaria dela na sua ausência.

No entanto, essas questões não são só daqueles que desenvolveram um câncer, mas da maioria das pessoas que vivem nessa época em que as preocupações dobraram, seja no dia a dia, com a família, o trabalho, a sobrevivência, a saúde, as necessidades financeiras, seja com outras tantas demandas e conflitos que se impõem a cada um de nós. A pressão e a autopressão que se exercem sobre uma pessoa com câncer podem ampliar seu desequilíbrio emocional. Regida pela insegurança e impotência iminentes, ela fica mais propensa ao medo.

Como sabemos, o medo é inerente ao ser humano, uma característica natural, de defesa. Porém, em dose exagerada ou constante, pode ser paralisante, criando uma espécie de neblina que embaça nossa visão, impedindo-nos de enxergar saídas, de agir e, consequentemente, de melhorar nosso estado físico e mental.

Qualquer iniciativa para ir para frente, deixar o passado, cuidar-se, pode ser determinante para a mudança de cenário. A terapia individual, familiar, de casal, e os grupos de apoio se apresentam como importantes recursos.

No processo terapêutico, voltamos à origem de diversas questões e trabalhamos nossas dificuldades, desde a infância até a vida atual, podendo aprender a lidar melhor com as situações mais complicadas, enfrentando-as e descobrindo novas alternativas e saídas.

Na psicoterapia, rever nossa história, entender o processo da nossa vida, compreender nossos mecanismos de defesa e crenças limitantes, e ressignificar conflitos e traumas é algo de grande valia. Medo, todos temos, é inerente ao ser humano, porém alguns episódios podem ter nos marcado mais, gerando traumas, fobias, obsessões maiores, que, ao serem encarados de frente e trabalhados, podem nos fortificar e auxiliar nesse momento de luta muito mais interna do que externa.

Alguns médicos arriscam dizer que o câncer pode até ter um fator genético, mas que mesmo uma pessoa que tenha essa predisposição pode não desenvolver a doença. Há suposições de que, dependendo de como lidamos com os nossos problemas e seu impacto em nossa vida, podemos estar mais propensos a desenvolver ou não as doenças.

Se como lidamos com as situações impactantes demonstra ter correlação com os sintomas e as doenças, é extremamente recomendável que aprendamos a lidar com elas, com nossos desafios e dificuldades.

Rever as situações, entendê-las, perceber como são nossos padrões e reações, e ressignificar os problemas são mecanismos que podem ter um resultado extremamente significativo e positivo no processo de cura.

Ao resgatar nossa história, tomando consciência da nossa vida, podemos entender com maior clareza o que precisamos transformar em nós mesmos para poder viver mais plenamente, com uma melhor qualidade de vida. Qualquer doença funciona como um termômetro. Entendendo-a, podemos cortar sua "alimentação". Isolar o foco, o tumor. Ver o que pode estar gerando ou diminuindo nossas defesas e imunidade.

No processo de conscientização, podemos nos perguntar:

– O que eu tenho que aprender com isso?

– O que posso fazer para melhorar minha vida?

– O que gosto realmente de fazer?

– Como estou seguindo minha essência?

– Que valores tenho?

– O que é essencial e acessório em minha vida?

– Como posso alterar minha rota para ser mais fiel a mim mesmo?

Costumo dizer aos meus pacientes que a cabeça é tudo! Muitos de vocês sabem disso, porém precisamos aprender a lidar com essa cabeça que teima em repetir padrões que nos fazem mal. Enfrentar situações e problemas é a melhor forma de resolvê-los ou amenizá-los. Fazendo nossa autoanálise, podemos contribuir muito com o tratamento médico.

Outra contribuição é aprender a nos tratar bem, gostar de nós mesmos. Se eu não gostar de mim, quem vai gostar, não é mesmo? Aumentando nossa autoestima, com pensamentos positivos, atitudes concretas, a possibilidade de cura fica mais viável e pode se refletir concretamente em regiões do nosso corpo que estejam comprometidas.

Ao buscar situações que nos alegrem, fazer o que gostamos, cada um à sua maneira, manter-nos ocupados com tarefas e pequenas atividades, propiciamos a troca da energia negativa em positiva, trazendo mais harmonia à nossa vida. A harmonia nos mantém em um estado semelhante ao da natureza, que funciona de forma perfeita. Ao descobrir um novo sentido para nossa vida, trazemos um significado mais verdadeiro e realizador.

Assim podemos expandir nossa consciência, entender qual é o nosso propósito nessa vida, descobrir a que viemos e realinhar nosso caminho de uma maneira mais plena e realizadora.

Olhe para você e para os outros com amor. Abra mais portas, quebre animosidades e resistências. Busque a alegria! Procure rir, abraçar, beijar. Comece, mesmo que devagar. Estudos comprovam que pequenas mudanças podem gerar grandes resultados. Focando no bom, no belo e no bem, teremos mais luz em nossa vida. A luz irradia, expande, interna e externamente, curando. Onde há luz, não há espaço para trevas... Com luz e harmonia, ficamos mais fortes, ampliando nossa energia, que se reflete em nosso corpo e mente.

Ressalto ainda a importância da fé, a fé em duas dimensões: fé para acreditar na cura, acreditar que "eu posso", e também a fé transcendental, seja ela qual for a sua crença. Acredite, busque um crescimento em sua espiritualidade e comece a conviver com algo que faça sentido para você. O homem é um ser espiritual na sua essência. Desconectados da espiritualidade, é como se nos perdêssemos de nós mesmos. Acredite, nós podemos fazer milagres em nossa vida. Querer é poder. Arregace as mangas, reflita e assuma sua vida.

O mundo oferece várias possibilidades: arte, música, argila, pintura, dança, leitura, psicoterapia, passeio nos parques. Busque profissionais especializados de diferentes áreas, além dos médicos. Evite se esconder. Busque os amigos, parentes, conversem, riam. Procure viver o presente.

O próprio nome nos lembra que é um presente que recebemos, o único momento real. O passado já foi e o futuro ainda está por vir. Viver o hoje e acreditar que amanhã será melhor é a maior contribuição que você poderá fazer para sua vida. Imbuir-se da vontade de melhorar poderá facilitar seu caminho. Tire o foco da doença e coloque o foco na vida.

Dedico esta reflexão àqueles que desenvolveram um câncer e àqueles que conseguirão evitá-lo por tomarem posse de sua vida, reconduzindo-a de uma maneira mais real e plena. A transformação depende de cada um. Espero que aproveitem esta leitura para tomar decisões que façam diferença em sua vida.

Assim nasceu Alice! Fonte de inspiração para o que escrevo, mentalizando cada um de vocês que está lendo este livro, uma história real de superação em que Cristiana se enfrenta, encara-se de frente, luta e reflete para descobrir seu lugar no mundo.

Obrigada, Cris, por esta grande lição de vida que você nos oferece.

*Maria Angela de Azevedo Antunes**

*[Terapeuta familiar e de casais, educadora, psicanalista, coach. Trabalhou por mais de trinta anos na área de Educação e Orientação Educacional, em algumas das principais escolas privadas da cidade de São Paulo. Há dez anos, atua em sua clínica particular como terapeuta e palestrante. mariaangelantunes@gmail.com]

INTRODUÇÃO

A vida nos leva
aonde não podemos
sequer imaginar

A vida me trouxe de volta, melhor e mais forte!
Sou o que construí num curto espaço de tempo,
Sem pretensões nem demandas...
Sou a soma de todos os meus valores incondicionais,
Sou cheia de energia que envolve o belo e o magnífico.
Sou o espaço que construo, sem reboques porque sou inteira.
Não preciso de remendos nem caprichos,
Sou o que sou porque escolhi ser assim!
Sou cheia de vida e quem quiser que me acompanhe nesta nova história.
Bem-vinda, Alice.

APRESENTAÇÃO

Vivendo um dia de cada vez

"Quando lia contos de fadas, eu imaginava que aquelas coisas nunca aconteciam, e agora cá estava no meio de uma! Deveria haver um livro escrito sobre mim, ah, isso deveria! E, quando for grande, vou escrever um..."

(**Lewis Carroll**, *Alice no país das maravilhas*)

Cheguei a lugares extraordinários. Descobri pessoas e vivi momentos que acrescentaram muito para que eu me sentisse livre e voasse na minha imaginação.

Escrevi um livro em 2013, *Você me viu por aí? A busca da identidade depois do câncer*, um ano e meio depois de ter sido diagnosticada com um tumor maligno na mama esquerda, um pré-câncer. Eu me submeti a uma cirurgia para retirada de um quadrante da mama e não precisei fazer quimioterapia nem radioterapia, mas tive de fazer um tratamento preventivo com anti-hormônios.

Vivenciei, pela primeira vez, uma extraordinária experiência pelo mundo das mulheres que sofriam desse mal. Foi um momento muito importante para entender a minha doença e quais as ferramentas que existiam para que eu pudesse não apenas me tratar, mas também me curar e me prevenir contra o seu retorno.

Minha história iniciou-se assim, meio que sem sentido, sem programação aparente. De repente, entendi que precisamos tomar decisões na mesma velocidade com que descobrimos um problema. Entrei num mundo totalmente desconhecido e me vi, de uma hora para outra, enfrentando, sozinha, diversas situações difíceis.

Pois bem, vivenciado o fato com toda a intensidade necessária, resolvi escrever um livro que contasse a história de mulheres que conseguiram, cada qual ao seu modo, superar a doença para se tornarem melhores. Durante o meu tratamento hormonal, sofri terrível depressão química. A mistura de muitos medicamentos pós-cirúrgicos e os preventivos causaram danos importantíssimos, permitindo o aparecimento de uma personagem em minha vida – Donatella –, criada pela minha mais pura imaginação, unicamente para me ajudar a atravessar os obstáculos de uma forma mais divertida e sem compromisso.

Donatella tomou conta de mim, abduziu minha consciência e me ajudou a superar todos os medos e angústias que eu estava vivenciando na época, oferecendo-me segurança para tomar decisões importantes que, um dia, mudariam a rota da minha vida.

Resolvi apresentá-la ao mundo feminino. Contei com a ajuda de dez amigas, mulheres incríveis que estavam dispostas a falar sobre a personagem que também haviam construído para si na esperança que as ajudasse na cura do câncer.

Como poderia estacionar na minha vida, depois de tudo que aprendi? Como não redirecionar minha imensa capacidade de amar para aquelas que ainda participariam da minha nova realidade? Como não estender as mãos para mulheres que haviam passado por momentos semelhantes aos meus? Tantas perguntas e uma única resposta: comecei um trabalho de apoio e acolhimento às mulheres que sofriam de câncer e com aquelas que poderiam preveni-lo.

Segui meu coração e hoje, graças às bênçãos que recebi, à mão de Deus que me pegou e me amparou, continuo o lindo trabalho com o Instituto Be Pink, *Um Salto para a Vida contra o Câncer Feminino*, sem fins lucrativos, cada vez mais envolvida com o projeto e com a minha alma na sua total integralidade.

Mas ainda não acabei... Tive outro tumor maligno em 2015 que me fez acreditar que eu precisava continuar com minha missão, revelando as próximas jornadas com uma nova personagem.

Percebi que, para passar novamente por um processo física e emocionalmente doloroso, precisava resgatar outra heroína, uma que marcou a minha infância, Alice, personagem do livro *Alice no país das maravilhas*, de Lewis Carroll.

Minha Alice me levou para um mundo encantado e me ajudou a retornar para a vida.

Esta obra, *Alice voltou pra casa*, conta a história de como foi minha passagem enigmática e espiritual para esse Mundo Encantado quando decidi retornar à infância para resgatar minha consciência e buscar um novo significado para a minha vida, curando novamente a minha alma.

Um lugar onde me senti segura o suficiente para que eu pudesse acordar um dia e iluminar meu retorno à minha casa, aos meus filhos e à vida, muito mais forte e preparada para continuar a ser feliz.

Qualquer pessoa que tenha passado por uma experiência difícil pode alcançar sucesso, resgatando a consciência que vive escondida na sua alma infantil para ressignificar seus conceitos e adaptar-se às novas condições.

Todos nós podemos permitir que essa experiência aconteça em nossa vida. Basta nos deixarmos levar pela Alice que existe em cada um quando passa uma tempestade em nossa casa.

Bem-vindos a bordo desse Mundo Encantado!

INOCÊNCIA

Saudade da minha infância amada, lembrança feliz dos momentos em que a risada primava despreocupada e sem censuras, das emoções desenfreadas que enchiam o coração com palpitadas que pareciam sair pela boca. Daqueles sonhos cheios de fantasia em que a única imagem que tínhamos de futuro era algo parecido com as dos livros de contos de fadas. Do tempo em que não existia medo porque reinava na alma a certeza de que tudo era protegido pelos escudos dos pais fantásticos e superpoderosos. Ah, como é bom recordar um pedacinho da minha vida para poder me fazer acreditar, mais uma vez, que estou viva e cheia de energia!

MUNDO ENCANTADO

"Havia portas por toda a volta do aposento, mas estavam todas trancadas, e depois que Alice percorreu uma a uma, tentando cada porta sem sucesso, ela voltou tristemente para o centro do quarto, pensando sobre como sairia..."

(**Lewis Carroll**, *Alice no país das maravilhas*)

Incrível é acordar numa manhã quente e ensolarada e descobrir que você não tem ideia alguma de onde esteja nem como chegou a um local tão desconhecido capaz de desencadear algo como uma amnésia momentânea. A sensação de vazio e a falta de parâmetros para distinguir o real do imaginário sempre provoca a necessidade imediata de uma ação investigativa. O primeiro passo, quando nos vemos em um lugar novo, é o de reconhecimento do ambiente, dos arredores, dos objetos físicos e das pessoas em volta.

Minha primeira lembrança ocorreu num aposento diferente daqueles em que eu já havia estado. Meu olhar seguiu para o barulho repetido que vinha do teto sobre a minha cabeça – eram as pás de um ventilador antigo que rodavam em descompasso, zac zac zac zac. Uma estranha sensação de pertencimento me envolveu e aconchegou minha ansiedade. Onde estava eu?

Estava num lugar qualquer. Entendi, depois de poucos minutos, que era um quarto antigo, longo no comprimento e estreito na largura. Mais atenta, percebi o som que vinha ecoando no zac zac do ventilador. Observei uma linda janela de madeira veneziana com vidraças grandes e quadradas, uma escrivaninha mineira e uma cama de viúva, igual à da minha avó Sílvia.

Havia uma incandescência de cores brancas e amarelas, como uma neblina, quase que me cegando, tirando a minha capacidade de enxergar onde era a porta para sair do quarto.

Na realidade, estava procurando uma saída para as minhas idas e vindas de pensamentos. Não demorou muito para que eu percebesse que estava fora da minha casa, em um quarto desconhecido e sem saber onde nem como havia chegado ali.

Eu me senti aliviada ao perceber que, em se tratando da minha mais pura ingenuidade emocional e falta de capacidade em analisar os fatos rapidamente, essa viagem não poderia ter me levado a lugares ameaçadores que me colocassem diante de situações difíceis e constrangedoras.

Nesse momento de pouso em que permanecemos anestesiados, como se o nosso corpo não mais nos pertencesse, as emoções são tão espetacularmente brandas que mal conseguimos qualificá-las ou mensurá-las.

Envolta numa órbita, quase que galáctica, comecei a dar os meus primeiros passos rumo à saída para entrar num mundo totalmente desconhecido, porém extremamente confortante.

O ranger das tábuas antigas do piso da casa ao apoio dos meus pés me levaram, por um instante, de volta à minha infância e à minha querida casa na rua Dr. Nicolau de Souza Queiroz, 111.

Minha residência parecia de boneca, construída numa imensa ladeira, uma rua com curvas e árvores enormes e frondosas. Instantaneamente, comecei a ouvir as gargalhadas que eu e minha irmã, Andrea, costumávamos dar. Senti o frio gelado dos ladrilhos do quintal e o sol que queimava todos os dias a nossa alegria.

O aroma do café recém-coado que vinha de bem perto, quase que embaixo do meu nariz, e o cheiro da manteiga tostada num pão amanhecido foram as primeiras sensações que tive ao sair do quarto em que eu havia passado a noite ou – quem sabe? – a vida.

Quanto tempo eu havia perdido nessa viagem? Como poderia reorganizar minha trajetória se não possuía sequer uma vaga memória do efeito que poderia causar? Sim, quase que uma coisa de outra vida, outra alma ou, se assim melhor for, espíritos que buscam você para tentar orientar sua passagem pelas várias dimensões celestiais.

Como assim?

PASSEANDO PELA IMAGINAÇÃO

"Mas os poços da fantasia acabam sempre por secar e o contador de histórias, cansado, tentou escapar como podia: o resto amanhã. Já é amanhã."

(**Lewis Carroll**, *Alice no país das maravilhas*)

Fui engolida por um tornado, bem no meio do dia, aos olhos nus, e jogada num lugar distante, diferente e novo. Essa parte, já contei. O que não contei é como foi viajar dentro de um tornado. Uau! Isso é que se pode chamar de viagem turbulenta e descabelada.

Se bem que, para uma destrambelhada como eu, até que não me incomodou em demasia chegar ao destino sem documento nem lenço e muito menos passado. Descabelada, sim, mas inteira na alma e no espírito aventureiro que adquiri depois que deixei Donatella trancafiada no cárcere de uma torre, igualzinha à pobre e coitada Rapunzel.

Demorei para entender. Perceber que estamos sozinhos nessa imensidão azul, que a vida é da cor que você decide enxergar, que os rabiscos são de acordo com a mão que desenha e assina. Que meus sonhos são meus e únicos nessa imensa fantasia, que quando estamos sozinhos assistimos ao nosso filme predileto.

Que delícia a recepção ao chegar a esse novo lugar, rodeado de flores, árvores enormes repletas de frutas, arbustos fechados e corujas. Sim, corujas lindas e brancas. Casais de corujas com seus filhotes. Famílias inteiras de corujas em suas árvores, em seus ninhos, em suas casas. E Thor, o pequeno e mais esquisito cachorro que eu havia conhecido em toda a minha vida. Sabe aquele tipo de raça que parece de pelúcia, mini-micro cão que late ardido demais e que pula igual a um sapo? Acho que o Thor tinha pilha Duracell.

Lembrei-me de um amigo alemão, Plamen Botev, que dizia que a minha pilha não acabava. Aliás, meu grande amigo, que sempre tem palavras sábias nas horas certas. Pois é, o cãozinho estava longe de ser decodificado na linhagem animal convencional. Ficava maravilhada ao vê-lo saltar do chão para o meu colo em segundos, igual a uma pulga, sem saber quem eu era ou o que iria fazer com ele.

O céu estava azul como uma pintura em aquarela e o sol sorria para mim, dando boas-vindas. Foi uma recepção esmerada. Quitutes para abastecer a ansiedade e comidinhas para a fome enlouquecida que sentia depois de tantas horas sem saber bem ao certo onde estava aportando.

Lembro-me como se fosse ontem dessa minha entrada, de maneira triunfal, nesse universo desconhecido.

REINVENTANDO O ESPAÇO FÍSICO

"Às vezes, eu acredito em seis coisas impossíveis antes de tomar café."

(**Lewis Carroll,**
Alice no país das maravilhas)

Sabe o que é mais engraçado em toda essa história? É que, nesse momento, esquecemos quem de fato somos, quem de verdade está conectado a nós e, por alguma razão, ainda não somos capazes de perceber qual a relação entre quem somos e quem acreditamos ser.

As ligações familiares, as amizades sociais e empregatícias somem como num passe de mágica. Desaparecemos do passado para estarmos num presente oportuno e confortante. Logicamente que, depois de um tempo necessário viajando, tudo retorna ao seu devido lugar, porém, com as relações mais fortes e definidas.

Voltando ao café e ao pão com manteiga, percebi o quanto são gostosos e salutares a vida simples e o degustar profundo de um café na caneca, totalmente despretensioso e desarranjado das etiquetas estabelecidas pela sociedade, que briga para conseguir massificar comportamentos e atitudes.

A caneca quente que segurei entre as mãos, ainda frias pela manhã, aqueceram meu singelo paladar num fundo de quintal onde o sol começava a dar os primeiros sinais de vida para um novo dia que estava por vir.

Minha aterrissagem havia sido bem-sucedida, simplesmente porque me encontrava inteira, sem arranhões, intacta e com a certeza de que não havia sido sequestrada novamente.

Nossa, pura neurose! Vivo numa cidade grande e me acostumei a cuidar da minha própria segurança física.

Um alívio imenso poder crer que Deus havia escolhido o melhor, colocando-me dentro de um grande tufão para que pudesse me carregar até um local onde estaria salva, acolhida e alimentada.

Diga-se de passagem, assunto sobre alimentação é muito complicado para mim, mais do que você possa imaginar. Dizem que habita uma serpente faminta e gigantesca dentro do meu sistema digestório capaz

de me causar estragos descomunais se eu não a satisfizer. Preciso ingerir alimentos em quantidades substanciais para nutri-la bem, entende?

Depois de me situar e entender o que havia acontecido comigo, comecei a fazer uma análise mais detalhada do local em que me encontrava, sentindo e tocando tudo que podia para me ambientar.

Sei que essa viagem não havia acontecido sem que o motivo principal fosse muito importante. Sei também que eu vinha desejando realizar esse tipo de movimento inconscientemente havia anos, mais de uma década.

Entendi que trazemos para nosso entorno tudo que desejamos deste universo. Abusamos de pensamentos e mentalizações em diversas formas e modelos, distraímo-nos entre o bom e ruim, o doce e amargo, o grande e o pequeno. Atraímos tudo que é necessário para que possamos acordar neste novo mundo mais consciente. Escolhas... sempre as famosas escolhas.

Somos donos de nós mesmos no que confere à capacidade de controle sobre nossas atitudes. Criamos um espaço de conforto e vivenciamos aquilo que acreditamos realizar, ou seja, atraímos somente o que conseguimos segurar em nossos braços e mãos.

Realizei essa viagem porque estava preparada para o desconhecido, desapegada do mundo em que vivia, destemida e pronta para ser carregada a qualquer lugar aonde quisessem me levar. Mais ainda, feliz em poder sair de casa numa tormenta, em uma época em que as tempestades não cessavam.

O toque de algo diferente é praticamente uma nova sensação, uma emoção que nos transporta a uma realidade distinta, a uma lembrança arquivada.

Não questionei sequer um minuto a razão de estar naquele lugar nem naquele tempo, simplesmente deixei a nova identidade tomar conta da minha vida. Como assim? Assim mesmo, sem lenço nem documento, sem questionamentos, sem passados nem futuros, só o agora, o hoje, naquele exato momento.

Precisava tirar férias de mim mesma! Férias do meu passado, do meu presente, das minhas incertezas, preocupações e angústias. Férias necessárias para que eu pudesse tomar as decisões mais adequadas.

Deixar minha bagagem em casa foi a melhor coisa que poderia ter me acontecido. Necessitamos de muito pouco para nos satisfazer, só precisamos de nós mesmos. Essa bagagem corporal se torna muito leve, fácil de carregar, se não interferirmos no destino que nos foi oferecido.

Depois de todo o trabalho para me situar e um pouquinho de nada de consciência, que naquele momento não era necessária em demasia, interagi prontamente com as pessoas que habitavam essa linda casa. Respirei e parei para descansar.

INVISIBILIDADE

"Oh, como eu queria me calar como um telescópio!
Eu acho que eu poderia, se ao menos eu soubesse como começar."

(**Lewis Carroll**, *Alice no país das maravilhas*)

Nesse lugar existiam anjos sem asas, loiros e de olhos azuis como água cristalina e turquesa. Todos lindos e amáveis, cheios de energia, que andavam de um lado para outro sem parecer que me notavam. Acho que a imperceptível ali era eu.

Acabei por descobrir, depois de alguns dias na casa, que eu era um ser invisível dentro da minha própria família, dentro do que eu havia criado como verdadeiro. Lógico, se eu havia deixado uma parte minha agarrada às pessoas, como poderia estar visível?

Quando falta um pedaço nosso, tornamo-nos ocultos, desaparecemos aos olhos nus dos outros.

A invisibilidade é contagiante e, um dia, acabamos percebendo que somos assim, inclusive para nós mesmos. Chegar em casa, todos os dias, e sentir que não notam a nossa presença é algo extremamente desagradável e incômodo, a ponto de precisarmos recorrer a sentidos primários e infantis para nos ajudar a compreender o que está acontecendo. Não nos enxergam, não nos ouvem e não nos sentem.

Então, berrei o mais alto que pude para chamar a atenção de quem quer que fosse. Gritei pedindo ajuda, pelo reconhecimento das minhas fraquezas e dores. Tornei-me invisível. Seria mais fácil ficar no anonimato do que ter de responder às inúmeras perguntas que mal consigo transcrever, seja pelo motivo óbvio do conformismo ou pela incapacidade de guerrear.

Descobri que nos tornamos invisíveis com o passar do tempo.

Vou explicar melhor: podemos nos tornar pessoas imperceptíveis quase que durante a vida toda, se esperarmos reconhecimento e gratidão. Não somos enxergados, somos algo que existe, porém não somos vistos. Somos ocultos porque nosso trabalho nesta vida não é percebido aos olhos humanos. Somos parte de um todo da criação divina.

O que deixamos nesta existência, quando partimos para outra dimensão, não precisa ter registro nem patente. Transformamo-nos espiritualmente para permanecermos em nossa existência, assim como damos continuidade às obras enquanto estamos vivos e cheios de energia.

BRINCADEIRAS DE INFÂNCIA

"Alice! Recebe este conto de fadas e guarda-o, com a mão delicada, como a um sonho de primavera..."

(**Lewis Carroll**, *Alice no país das maravilhas*)

Os anjos me acolheram em seus braços repletos de calor humano e interesse, assim como se abriga um passarinho recém-caído de seu ninho. Uma certa união entre eles, uma cumplicidade pura que, muitas vezes sem senso algum, colocava-os ao meu lado com palavras que soavam como música.

Recebi, logo cedo, um caloroso abraço de boas-vindas, tão amável que eu o carrego ainda hoje nas minhas lembranças. Situaram-me onde eu estava, realizaram um enorme e divertido questionamento sobre como eu havia chegado ali, como tinha sido minha viagem, como era o lugar de onde eu vinha. Inúmeras perguntas, muitas delas sem resposta. Parecia que eu era um ser extraterrestre. De fato, quem era eu realmente? O que estava fazendo naquele lugar?

Hoje, acredito que esses anjos sabiam de tudo e que eles, na verdade, queriam brincar comigo para fazer com que eu me sentisse importante naquele período em que passaria a viver com eles. Assim, poderia voltar para casa segura e confiante.

Brinquei demais, de tudo que se possa imaginar: de casinha, de faz-de-conta, de pique, de esconde-esconde, de pula-cerca. Seguir o instinto natural da inocência fez com que eu pudesse gargalhar durante todas as horas em que eu estava acordada.

A CASA

"Quando decidiu seguir um coelho que estava muito atrasado, Alice caiu em um enorme buraco. Só mais tarde descobriu que aquele era o caminho para o País das Maravilhas, um lugar povoado por criaturas que misturam características humanas e fantásticas, como o Gato, o Chapeleiro e a Rainha de Copas – e que lhe apresentam diversos enigmas..."

(**Lewis Carroll**, *Alice no país das maravilhas*)

Como é sensacional sentir-se livre e solta, sem histórias aparentes para me delatar, desejando que tudo aquilo durasse uma eternidade. Já posso adiantar, com muito pesar, que não durou muito. Mas, para minha alma, significou uma infinitude.

Descobrir sua própria existência, sua natureza em momentos assim, possibilitam que você acorde para uma vida cheia de recompensas e sabedoria.

Voltando ao meu estado catatônico, num vácuo sem nenhuma pressão atmosférica, existia na casa uma tal senhora dona Linda, que organizava e administrava a bagunça que os anjos e eu fazíamos. Ela arrumava tudo e, depois, trazia uma bandeja com cafezinho e bolinhos fresquinhos.

A casinha cheia de doces tinha uma luz avermelhada que, quando o sol penetrava pelas janelas, criava um arco-íris ao ser refletida por um cristal pendurado no batente. Era decorada com muito esmero, repleta de detalhes, sininhos, penduricalhos e arcos feitos de galhos e miçangas para trazer bons sonhos.

Cantávamos e dançávamos como plumas, afinal, anjos não sofrem muito dos efeitos da gravidade. Quando eu ficava mais pesada, porque havia me alimentado demais durante o dia, eles me carregavam no colo pelo ar. Parecia que o tempo não passava. Eram horas e horas embalando-me em suaves melodias e cânticos, fluindo em perfeita harmonia com as chamas das velas acesas.

As refeições eram elaboradas com um toque especial pelas mãos dos anjos, porque usavam o amor como tempero. E, acredite, ainda é presente na minha lembrança o cheiro vindo do arroz e feijão recém-preparados para o almoço.

Amanhecia assim, como um bálsamo que impregnava a casa, um aroma de flores e ervas silvestres misturadas com pitadas especiais da horta botânica mantida pela fada madrinha. Todos preparados como se fossem a um grande banquete em dia de festa ao redor da mesa farta. Vestiam-se com esmero, cada detalhe era pensado, as flores nos cabelos, as vestes coloridas, os adornos brilhantes.

E as frutas, então? De formas e sabores únicos, retiradas com carinho dos pés das árvores frutíferas que coloriam o imenso jardim que se estendia por detrás da casinha cheia de vida. As flores derramavam seu pólen pela grama, chamando atenção de abelhas e outros pequenos seres voantes.

Era um ritual totalmente diferente do que eu já havia experimentado. Uma forma de interagir e se reunir com palavras novas e uma linguagem incomum.

Depois de muita brincadeira, cada um ajudava como podia a colocar ordem no recinto. Enquanto terminávamos os afazeres, já podíamos sentir, novamente, o forte e intenso aroma de café recém-coado.

Esse instante era sagrado. Todos se sentavam ao redor da bandeja completa de pires, taças e colherezinhas diferentes em tamanho e forma, para gozar de um momento único de prazer, o cafezinho, com todo o tempo necessário para que pudéssemos degustar o nosso dia.

Era um momento pleno de satisfação. Bem alimentados e prontos para o cochilo, éramos conduzidos pela mente entorpecida e pela respiração desacelerada para o sono mais profundo que se podia imaginar.

Nessa hora, nem eu sabia bem ao certo como conseguia dormir em meio a tanta excitação. Era como se um dos anjos acariciasse meu cabelo durante toda aquela hora seguinte, apenas com a luz de seu pensamento. A energia que sentia naqueles dias era indescritível. Não conseguia entender como era possível viver assim, desocupada e despreocupada, numa simplicidade de dar inveja a qualquer um.

O sol me despertava todos os dias à tarde, entrando pelas frestas da janela. Uma luz cálida de final de dia me mantinha quente, calma e leve.

Eu me levantava da cama como se fosse o último sopro do meu coração. A alegria invadia minha alma e eu, por alguns décimos de segundo, agradecia por mais um dia feliz, porque ainda estava naquela casinha, cheia de amor e aconchego. O suspiro era de vida.

E era assim que saía para fora do quarto para me encontrar novamente com todos os anjos e ouvir suas incríveis histórias que atiçavam minha imaginação e elevavam meu espírito às alturas.

Não queria perder um instante sequer, era mais do que especial. Podia sentir a relva tocar minha pele quando me deitava sobre a grama, o toque das flores e o ardor do sol se pondo. Percebia o pouso das borboletas nos meus braços e as margaridas em forma de coroa em minha cabeça.

Todas as manhãs, ao acordar, constatava o silêncio que rondava a casa e que ainda acomodava a todos num sono profundo. Saía para o jardim nas pontas dos dedos do pé para que eu pudesse, sozinha, aproveitar uns minutos da minha solidão, minutos esses que me traziam de volta a mulher que eu era, como se fosse uma travessia para o passado em que a única coisa que eu conseguia resgatar pela mão era minha feminilidade, meu corpo intacto e a imensa capacidade que eu possuía de apreciar o meu físico.

No silêncio matinal que permeava os dias, eu conseguia perceber a mim mesma ao banhar-me nua sob o sol que crescia, adquirindo uma força espiritual imensa. A neblina descia e abria com muita intensidade a visão direcionada para meu corpo. Ainda estou por definir quão grande e intenso era o prazer que eu sentia naquelas manhãs de verão. Não que não existisse sentimento similar, mas a fusão de alegria e prazer conduziam minha alma a um patamar elevado de vibração.

ESPERAR A HORA OPORTUNA PARA BRINCAR

"Ficou ali sentada, os olhos fechados, e quase acreditou estar no País das Maravilhas, embora soubesse que bastaria abri-los e tudo se transformaria em insípida realidade..."

(**Lewis Carroll**, *Alice no país das maravilhas*)

Quando estamos em silêncio, quase que num transe de sensações, conseguimos ouvir nossa intuição, sentir o sopro do Espírito Santo, perceber os sinais para continuar caminhando no desconhecido. É quando amadurecemos e crescemos, evoluímos com a quietude das horas.

Sinto, às vezes, saudade daquela sensação de totalidade que me abastecia, fazendo-me sentir uma pessoa completa, aquele instante aprimorado por uma beleza esotérica que jamais conseguirei descrever. A visão que eu tinha de mim mesma transmutava diante de um espelho imaginário, com leveza suficiente para facilitar o resgate da verdadeira Cris que se escondia. Retornei à minha idade adulta.

Agora, eu podia existir, sabia que a invisibilidade não me encobriria nunca mais.

O tempo naquela casa não existia. O passado se misturava ao presente, criava novas expectativas para que eu pudesse, depois de algum período, olhar em frente e sentir que eu poderia me presentear com novos propósitos, permitir-me viver mais uma vez, pronta para os planos, apostar no futuro e voltar a sonhar.

Nesse breve intervalo em que estive viajando, apesar de os dias não passarem como eu havia imaginado, percebi que eles se tornariam eternos, algo fora do comum, na minha essência, nas minhas recordações, nos meus sentimentos e na minha vida.

Depois que voltei, por um tempo, eu me sentia como se estivesse anestesiada. Só retornava ao estado normal quando meu coração batia mais forte e descompassado ao pegar a foto dos meus três filhos, único elo entre o Mundo Encantado e o real. Nossos descendentes tornam-se responsáveis por nos manter no chão, focados na realidade. De qualquer modo, o amor deles nos faz renascer.

Vivenciei a alegria de poder imaginar que tudo era uma enorme fantasia. Conheci pessoas lindas que me mostraram o caminho de casa por meio do amor e da habilidade de nos capacitar com sabedoria e clareza para retornarmos. Foram dias incontáveis entre sonho e realidade.

Se eu não me amasse e não me respeitasse completamente, jamais poderia retornar para minha casa. Eu me amei o quanto pude, busquei qualidades minhas esquecidas no passado por alguns ou vários motivos. Fiz uma pausa nos projetos e redirecionei minha vida para que, quando eu pudesse acordar, encontrasse a mim mesma.

Senti muito medo quando pensei na possibilidade de me tornar alguém diferente e distante, insegura em relação a como eu poderia me estabelecer depois de toda aquela viagem. Como seria o retorno para oferecer paz e trégua aos meus maiores inimigos, que eram as minhas eternas culpas?

Eita! Esse assunto poderia rasgar uma página do livro de tão pesadas que eram as culpas que eu carregava nas costas. O peso não é oriundo dos erros que acreditamos ter cometido, mas, sim, da própria palavra que carregamos conosco durante toda uma eternidade. Quando percebemos que não conseguimos seguir adiante, entendemos que precisamos tornar nossa mochila mais leve, a fim de podermos completar nossa jornada.

Ou seja, esvaziar as culpas nos ajuda a caminhar mais tranquilos e soberanos para tomarmos as decisões necessárias durante a vida.

Bem, depois de todo aquele acolhimento, resolvi que deveria permanecer onde estava por mais algum tempo até que minha alma pudesse retomar seu ritmo, acalmando as expectativas futuras para iniciar um processo de conscientização.

Precisamos, toda vez que realizamos um tipo de viagem como aquela, parar e compreender o porquê de escolhermos o Mundo Encantado.

Podemos ser inteiros quando nos protegemos daquilo que acreditamos estar nos prejudicando. Não precisamos sair da zona de conforto para aprendermos a lição primária de sobrevivência. Superamos muito bem as dificuldades quando aprendemos a nos afastar do perigo iminente e, quando nele, utilizar todas as armas éticas que adquirimos durante a vida para nos proteger e nos salvar.

Estou aprendendo a modalidade de tiro, a das armas. Saber como manuseá-las é uma obrigação; usá-las, uma opção!

II

O GRANDE DIA

"Meu Deus, meu Deus! Como tudo é esquisito hoje! E ontem tudo era exatamente como de costume. Será que fui eu que mudei à noite? Deixe-me pensar: eu era a mesma quando me levantei hoje de manhã? Estou quase achando que posso me lembrar de me sentir um pouco diferente. Mas se eu não sou a mesma, a próxima pergunta é: 'Quem é que eu sou?'. Ah, essa é a grande charada!"

(**Lewis Carroll**, *Alice no país das maravilhas*)

Numa tarde fria de outono, numa quinta-feira mais comum impossível, não teriam sido necessários tantos dilemas para que fosse despertada a curiosidade de alguém que estava quieta e sossegada já fazia algum tempo, eu mesma.

A sucessão de exames que eu vinha fazendo desde fevereiro para controle do câncer e a busca implacável de alguma célula que estivesse fora do padrão multicelular do meu organismo fizeram com que, de uma hora para outra, surgissem algumas suspeitas.

Poxa, mal sabia eu quantas indagações ainda estariam por vir!

E assim começaria mais uma história minha, cheia de encrencas e dúvidas, cercada de esperança e rodeada por inúmeras frustrações. Não que eu já não soubesse: temos que refazer os exames de controle do câncer semestralmente nos primeiros anos. Isso está presente e integrado de maneira latente no meu humilde cérebro. Meu coração desenvolveu espaço necessário para o bombardeio de adrenalina que sofremos no instante em que recebemos em mãos os pedidos médicos.

Os exames, que devem ser agendados nos dias que se seguem à consulta, tornam-se ameaçadores e tenebrosos. Esse estresse momentâneo, diga-se de passagem, dura uma eternidade, até o dia em que você vê seu número de chamada num placar eletrônico. A maior descarga desse hormônio, para mim, ocorre quando estou a um passo de entrar na sala para realizar todos os exames.

Sinto uma imensa solidão quando entro nessas salas, recordo-me de filmes de medo e terror. Meu corpo é tomado por uma sensação enorme de frio que chega a me paralisar. Esses aparelhos, muitos de proporções

gigantescas, aprisionam-me como se eu estivesse sendo estudada por alienígenas em suas naves espaciais.

Essas máquinas de raio X, ressonância magnética e ultrassom são manipuladas por homens vestidos de branco, com aspecto duvidoso e assustador. Fazem-me acreditar que toda a minha vida está nas mãos desses seres que irão definir meu futuro, diagnosticando-me conforme a sua interpretação, afirmando se estou livre ou condenada a muitos outros exames e testes laboratoriais.

O grande problema dessa alta tecnologia é que elas precisam de diversos cientistas especializados em física, química, matemática e afins para que possam reproduzir as imagens em textos legíveis. Depois de toda essa estrutura humano-robótica, são necessários mais tantos outros, também competentes e especialistas, para nos traduzir o relatório, que nunca utiliza palavras comuns no parecer do exame.

Finalizado todo esse processo, ficamos sem entender uma palavra sequer, pois não reproduzem respostas numa língua conhecida. Só falam entre si em códigos metafóricos e siglas e nos fazem acreditar que, de fato, possuímos algo muito estranho, um nanoalienígena, dentro do nosso organismo.

Interessante...

Interessante como aprendemos a conviver com essa estrutura complexa e repleta de informações, sem ao menos conseguirmos ter tempo suficiente para acessar a nossa caixa craniana e traduzir todos os dados necessários para que possamos tomar uma decisão certeira, importante e inteligente.

Quando comecei a processar essas referências no meu consciente, misteriosamente, aconteceu um fato singular: sumiram todas as pessoas com quem eu estava acostumada a conviver. Apareceram outras tantas, com diferentes estruturas infralinguísticas e capacitadas por um software completamente desenvolvido para uso no ano de 2064.

Nossa, que pesadelo!

Estava tentando assimilar todas as informações que havia recebido da equipe médica naquele dia de maio de 2015. Tentei fingir e disfarçar o medo e a insegurança que eu sentia. Assim, mais um anjo apareceu na minha vida e me ajudou a processar todos aqueles sentimentos de maneira que eu pudesse transmitir tranquilidade para minha família.

Mal sabia eu que um imenso furacão estava prestes a passar sobre o telhado da minha casa, levando-me pelos ares a um lugar além da minha compreensão. Era o momento ideal para me levar direto para a infância e resgatar minha consciência, que, havia muito tempo, estava esquecida no passado.

Muitas vezes, precisamos recuperar nossa memória distante para tentarmos dar um novo significado à nossa vida.

Meu único e maior problema foi perceber que tudo que estava acontecendo naqueles dias vinha em minha direção. Estava me atacando de frente e destruindo minhas estruturas físicas e emocionais.

Foi impossível lidar com tantas emoções e, ao mesmo tempo, ter de compreendê-las racionalmente, transformando-as em atitudes e palavras coerentes. Como devemos agir quando nos aparecem determinadas equações que nunca nos foram apresentadas? Como compreender uma situação para desenvolver habilidades metafísicas que nunca nos foram ensinadas e em circunstâncias jamais experimentadas?

Descobri, sob muita pressão intracraniana – e aqui preciso falar do quanto eu já estava transtornada até aquele momento –, que não existia um único *modus operandi* correto capaz de facilitar aquele tipo de armazenagem, contendo tantas informações diferenciadas.

Sei que, para tanto, seriam necessários no mínimo mil terabytes de cérebro para que conseguíssemos processar as diferentes demandas de modo adequado, possibilitando o armazenamento de todos os dados que chegavam.

Resumindo, soubemos – eu, os médicos e a família inteira – que existia um segundo nódulo maligno na minha mama esquerda.

QUE MALUQUICE É ESSA?

"Eu acho que sim, está maluca, pirada, perdeu um parafuso, mas vou contar um segredo: as melhores pessoas são assim!"

(**Lewis Carroll**, *Alice no país das maravilhas*)

Nada que pudesse trazer mais fantasmas para a minha vida além dos que eu já havia conhecido. A decisão em aceitá-los significava, incondicionalmente, tomar outras tantas cabíveis, na esperança de que pudéssemos colocar um ponto final nessa nova história e acabar com as células monstruosas que se multiplicavam nas minhas mamas.

A determinação imediata por uma mastectomia completa bilateral com retirada dos linfonodos foi a melhor.

Eu não sabia nem imaginava como iria lidar com as novas perspectivas que haviam aparecido naquele momento, com tantas informações que, na minha santa ingenuidade, acreditava já terem esgotado qualquer assunto sobre câncer e afins. Na verdade, estava completamente errada, porém, só fui perceber e entender a situação em que me encontrava depois que fiz a primeira cirurgia para retirada das mamas.

A mente humana possui uma imensa capacidade de absorver informações, pensamentos e sensações. Segundo o neurocientista norte-americano Rick Hanson, no livro *O cérebro do Buda: A prática da neurociência da felicidade, amor e sabedoria*, "ao longo da evolução, nossos ancestrais desenvolveram três estratégias fundamentais para garantir sua sobrevivência: criar diferenciações para estabelecer limites entre si e o mundo e um estado mental e outro; manter a estabilidade com o intuito de preservar os sistemas físico e mental em um equilíbrio saudável; e abrir-se a oportunidades e fugir de ameaças para obter coisas que propiciem a descendência e resistir àquelas que ameaçam a prole".

Ou seja, meu cérebro trabalhou rapidamente na absorção dos acontecimentos presentes, preparando a mente para transformar todas essas sensações em atitudes necessárias para preservar a minha sobrevivência. Lembro que foram aproximadamente quinze minutos, dos quais quatorze demoraram uma eternidade até que eu pudesse compreender que tinha, novamente, um câncer de mama.

Um momento de silêncio.

Fui fazer uma visitinha rápida, supersônica, durante esses minutos, em outro espaço sideral para entender e aceitar que era comigo mesma que estava acontecendo tudo aquilo. Uma ida e vinda de pensamentos mais rápida que a velocidade da luz. Milhares de imagens apareciam na minha frente, desenhos e fotografias de mulheres sem as mamas e os mamilos, cortadas ao meio, esvaziadas, mutiladas.

Não caberiam mais sensações no meu coração se não fossem alguns momentos de grandeza e fé em Deus que me levariam a enxergar essas fotos como algo positivo e salutar.

Não tinha jeito? Bem, teria que existir algum para resolver tamanha encrenca. Foi assim que, entre medos e angústias, reuni minha família para dividir os novos acontecimentos da cirurgia que seria realizada dentro de poucos dias e informá-la sobre as minhas futuras decisões.

Relatei detalhadamente o que havia acontecido comigo, o que eu havia resolvido e quais seriam as etapas futuras para a minha cura.

O mais divertido foi ter escolhido um bar em que todos nós costumávamos celebrar. Tomamos caipirinha e comemoramos a nova vida com muitos brindes ao sucesso da intervenção.

Ainda me lembro da cara de espanto, misturado com medo e preocupação, de todos quando contei sobre o resultado dos exames. Resolvi levantar as taças para um brinde à minha cura, lembrando a todos que não havia sido Deus a me infligir esse sofrimento, mas, sim, a vida.

Creio em Deus e com Ele a paz chegou para nós e nos acompanhou durante todo o meu procedimento.

Começou, então, mais uma jornada na minha vida: buscar algo que pudesse me animar e a que eu pudesse me agarrar para não me perder outra vez, o suficiente para que as pessoas pudessem me encontrar mais facilmente.

Foi um período difícil porque, juntamente com a doença, eu estava vivendo outro grande problema em que as perdas seriam inevitáveis. Quando me dei conta de que a minha história estava prestes a sofrer uma reviravolta, resolvi dar um tempo a todos os questionamentos, deixando-me levar pela onda atrapalhada dos meus dias.

Sem pressões, cobranças ou quaisquer outros tipos de ação que pudessem depender de mim na tomada de uma decisão correta, entrei no vácuo atemporal.

Pois é, esse tempo eu não conhecia. Sendo assim, não poderia responder a ninguém nem a mim mesma. Simplesmente, esperei e entreguei na mão do Divino o tempo que Ele havia programado para mim. Confesso que foi a coisa mais sábia que me ocorreu naquele instante: a espera e a aceitação do fato de que eu não mais estava no controle da minha vida.

JOGO DE CINTURA

"Seria tão legal se alguma coisa fizesse sentido pra variar."

(**Lewis Carroll**, *Alice no país das maravilhas*)

Cabe aqui uma reflexão importante sobre a flexibilidade. Graças a ela, consegui realizar todos os procedimentos cirúrgicos e, com muita maestria, alcancei uma enorme sensação de acolhimento e segurança para que eu pudesse seguir em frente.

Ser flexível, no meu entendimento, é conseguirmos nos adaptar a qualquer situação nova que encontremos pela frente. O famoso "jogo de cintura" é uma expressão antiga que traduz a importância de se ter uma atitude inusitada para lidar com novos acontecimentos, sem quebrar nossa estrutura física e emocional.

Devemos abusar de sabedoria e da engenharia física para podermos tomar a decisão correta.

Outra sábia expressão é "dançar conforme a música". Ora, com a cintura, podemos dançar qualquer música, reformular planos e criar um novo significado para nos ajudar a enfrentar e a viver com discernimento qualquer realidade.

A coluna vertebral foi feita para ficar ereta e a cintura, para balançar. Entende a importância que representa nossa condição física? Somos um todo, um conjunto em ressonância com o universo, uma sintonia fina que devemos ajustar para conseguirmos nos conectar com a nossa própria frequência.

Em outras palavras, abusei da minha estrutura óssea para enfrentar todos os problemas que estavam surgindo. Isso não significa que eu tenha conseguido seguir o ritmo da música durante todo o tempo. Pelo contrário, muitas vezes caí no chão, desesperei-me, perdi as notas musicais, mas nunca desisti.

Mais uma etapa vivida, mais uma lição aprendida, mais um dia de ganhos. E a certeza de que, graças a essa viagem, pude suportar e entender tudo o que estava acontecendo comigo.

A REVOLTA DOS EGOS

"Se eu lhe cortar a cabeça, será que assim saberá me dizer?"

(**Lewis Carroll**, *Alice no país das maravilhas*)

Estava lendo hoje, pela manhã, *Primal – A quest for the soul of christianity* [Primitivo – Uma busca da alma do cristianismo], livro de Mark Batterson, e um assunto que julgo muito importante despertou minha atenção: a braveza. O autor é norte-americano, escritor de obras de autoajuda e pastor de uma igreja evangélica em Washington, a National Community Church.

Quando passamos por momentos perturbadores na vida, aqueles em que nos encontramos de frente para uma parede, em que não conseguimos enxergar nada além, experimentamos um sentimento de raiva. Ficamos bravos. Nossa incapacidade de reagir de imediato aos problemas ou questões pessoais diante dos obstáculos que surgem acaba nos levando a culpar todo mundo.

Entendo que, quando nos encontramos em determinada situação de desespero e nos falta objetividade para sair dela, acabamos optando pela passividade. Mais que desespero, é falta de visão futura, de fé em Deus e de esperança em nós mesmos.

A falta de atitude nos leva a uma culpa interna. Sentimo-nos culpados por não estarmos vivendo a vida da maneira que gostaríamos de vivê-la e, daí, desenvolvemos o sentimento da raiva.

A primeira raiva é conosco. Ficamos bravos com tudo que nos cerca. Com a vida, com a gente mesmo e com Deus, injustamente.

No momento em que estamos vivenciando esse sentimento, precisamos parar um pouco de pensar e começar a agir. Tendemos a ficar passivos diante das dificuldades, causando um enorme desconforto para nós mesmos e impedindo que tomemos atitudes que sejam proativas e positivas para solucionarmos a questão.

A passividade quer que você se traia; a ação, que se transforme. A primeira diz que tudo estará bem; a segunda, para sair da sua zona de conforto e trabalhar nos seus problemas. Atitude imediata leva a mudanças. Como você pode mudar a sua história se mal saiu do lugar e fica incessantemente cultivando a raiva e a culpa?

Estamos aqui, chegamos aqui porque queremos dar um significado à nossa vida, desejamos que ela se movimente para que possamos deixar as preocupações de lado para seguirmos em frente.

Só conseguimos deixar toda essa braveza quando percebemos que a decisão de mudar está em nós, e não nos fatos.

Quando agimos, sentimo-nos fortes e poderosos, recuperamos a autoestima e começamos a valorizar nossas habilidades e qualidades natas. Entendemos que, se não enfrentarmos o inimigo, não conseguiremos ultrapassar os obstáculos. Precisamos pegar uma marreta pesada para quebrar o muro. Cansa? Muito. Desanima? Demais. Compensa? Sempre.

Lutar pela vida significa sobreviver às intempéries a que ela nos submete. Não lutamos quando estamos passivamente sentados em casa, não vencemos uma batalha sem armas e não temos a chance de vitória se não possuímos um inimigo aparente. Entende? Levante-se, brigue, ressignifique, batalhe, não deixe sua raiva vencer você!

Seja honesto com você mesmo, permita-se encontrar seu consciente e escolha a viagem dos seus sonhos, agora.

III

VIAGEM DOS SONHOS

"A única forma de chegar ao impossível é acreditar que é possível."

(**Lewis Carroll**, *Alice no país das maravilhas*)

Era o final do ano quando, de repente, muito antes do que eu havia conseguido perceber, quase como se fossem aqueles sonhos que temos quando estamos agitados, encontrei-me numa encruzilhada sem limites. Um momento em que fazer escolhas estava fora de cogitação pelo simples fato de que eu não conseguia mais decodificar os sinais e dizeres escritos nas placas comuns que se encontravam nas minhas vias, avenidas e estradas.

Eu já estava, havia bastante tempo, num longo caminho para o "*nowhere*". Um lugar sem definição nem rota permanente, onde as placas se confundem e seus sinais mudam em frações de segundo. É muito confuso imaginar que você está caminhando rumo a um lugar definido e depois, por razões inesperadas, encontra-se em outro.

Uma pausa para falar de destino. Que distância se deve percorrer para chegar a um lugar muito longe e desconhecido? Só sabendo exatamente para onde ir. Veja, se distância é a medida da separação entre dois pontos, é preciso saber, com precisão, quais são esses dois pontos.

Quando nos encontramos perdidos em algum lugar, tudo o que está à nossa volta não possui significado algum. Por quê? Se não entendemos aonde vamos, como descobrir que caminho seguir? Como tomar uma decisão se não sabemos o que fazer, se não possuímos o conhecimento do que desejamos ou, pior ainda, do que sonhamos?

Se não traçamos planos, como podemos continuar caminhando? Sempre ouvi um ditado que meu pai costumava citar quando eu e minha irmã estávamos inseguras para tomar uma decisão: "Filhas, quando não souberem para onde ir, parem na encruzilhada e esperem um tempo porque, se vocês tomarem o rumo errado, terão que voltar novamente à encruzilhada e, assim, poderá ser tarde para tomar o outro rumo. Não somos caranguejo, que anda para os lados".

Uai, se tudo isso me parece uma verdade, tomar a decisão de não sair do lugar parecia a mais certeira. Decidi, então, ficar quietinha no meu canto seguro e conhecido, sem exageros nem agitações desnecessárias.

UM TORNADO

"Leia as direções e diretamente você será direcionado para a direção certa!"

(**Lewis Carroll**, *Alice no país das maravilhas*)

Foi assim que eu consegui sair de onde estava alojada, quando Alice começou a viagem. Naquele dia, chovia a cântaros. Um tornado foi se formando de maneira tão brutal, enorme e devastador, que parecia haver passado em casa unicamente para me levar, sozinha e desprotegida, para um lugar aonde eu jamais poderia imaginar que iria um dia.

Tive que dar espaço mais uma vez ao meu consciente para que eu pudesse entender o que estava acontecendo comigo. Dessa vez, não estava me referindo à maneira como havia sido abduzida por Donatella, mas, sim, a como havia sido a minha viagem e o meu regresso para casa.

Num resumo rápido, Donatella havia se apoderado da minha frágil pessoa, dois anos antes, de uma maneira tão grotesca que, quando me dei conta do que estava acontecendo, ela já havia me absorvido e roubado a minha sincera e ingênua pessoa da minha vida física e emocional.

Sua presença foi de tal forma intensa e abrupta que ela se apropriou até dos sapatos de que eu mais gostava numa tentativa angustiante de tomar meu lugar e se apossar da minha família. Não preciso elencar os danos que ela causou para tanta gente para que se possa entender o que estava acontecendo naquela época.

Então, milagrosamente, depois de um ano difícil em que eu procurava me encontrar desesperadamente durante todo o tempo, percebi tardiamente que minha casa havia desabado e, com ela, todas as minhas recordações, pertences, sonhos, metas e tudo que poderia me ajudar, um dia, nessa busca incessante e cansativa da minha identidade. Era como se tudo que eu havia conquistado para me identificar tivesse se esvaído numa corrente de águas turvas.

Esse turbilhão de acontecimentos culminou com uma enorme ruptura nos meus espaços cognitivos e sensoriais, desenvolvendo lacunas profundas que viriam a afetar, num futuro muito próximo, toda a minha parte neurológica que armazenava memórias e emoções, ou seja, eu estava sobrevoando num espaço escuro e sem explicações.

Alice viajou para me ajudar no resgate da minha consciência e espiritualidade, para me apoiar, amparar e me dar o aconchego necessário para que pudesse continuar sonhando com novas perspectivas e conseguisse seguir meu caminho, realizando meus projetos e ajustando meu equilíbrio familiar e social.

Eu estava inspirada, navegando numa tempestade de emoções e conflitos internos entre o que se é e o que se deve ser, abrindo espaço para que Alice pudesse completar a pessoa que havia restado em mim.

Depois de um mutirão desordenado de ideias e pensamentos antagônicos e com as opiniões alheias e incertas associadas a um passado que não mais fazia história nem me pertencia, consegui caminhar com a certeza de que Alice saberia aonde estávamos indo.

Nos anos que vinha vivendo e dividindo minha angústia de perda e solidão desnuda com Donatella, viajar pelo mundo encantado e espiritual que Alice havia programado para mim seria como receber de presente uma nova oportunidade que poderia me completar como mulher e me prepararia para retornar à minha vida, à minha casa, aos meus sonhos e amores. E, assim, abrindo espaço para mais um novo episódio na minha vida, o universo me apresentou a resplandecente, alegre e irreverente Alice para que eu pudesse realizar a famosa passagem para o desconhecido, sem me perder novamente.

HORIZONTE PROMISSOR

"É preciso correr muito para ficar no mesmo lugar.
Se você quer chegar a outro lugar, corra duas vezes mais."
(**Lewis Carroll**, *Alice no país das maravilhas*)

Kyle Idleman é pastor docente da Igreja Cristã do Sudeste, em Louisville, no estado de Kentucky, Estados Unidos, recebendo mais de vinte e dois mil participantes nos fins de semana. Ele é orador convidado para convenções regionais e nacionais em todo o país e dá palestras regularmente para algumas das igrejas mais influentes de lá.

Em seu livro *Aha!*, ele fala do momento em nossa vida quando uma repentina revelação nos surpreende com uma percepção espiritual. De acordo com o escritor *best-seller*, podemos experimentar esse mesmo tipo de "aha!" das Escrituras para revelar como três palavras – *awakening, honesty, action* (despertar, honestidade, ação) – descrevem, com base em uma passagem da Bíblia, como devemos despertar para Deus, sermos honestos conosco em nossas ações e mudar o rumo de nossa vida em direção a um horizonte promissor.

Admirei a maneira como ele descreve o mundo distante em que vivemos e o porquê de estarmos tão longe de nós mesmos e de Deus. "O País Distante é a terra onde você mora por enquanto, vive um problema, e mais tarde encontra a necessidade desesperada de ajuda. Quando você viaja para o País Distante, não está apenas indo, mas também saindo de algum lugar.

"O que leva muitos viajantes para esse País Distante é que, por uma razão ou outra, estão fugindo de Deus. Todo mundo que corre de Deus tem sua própria razão, mas há algumas razões comuns pelas quais os pródigos embalam suas malas e se afastam da casa do Pai."

Sob vários olhares, você pode se afastar de casa, da vida, da fé, da luta, da família e de tantas outras coisas, tentando escapar de suas frustações, desejos íntimos da alma ou até de um encontro sincero e verdadeiro com o seu Deus.

Qualquer que seja o motivo, viajar para um lugar longe pode muitas vezes nos ajudar a encontrar o nosso próprio "eu", a nossa verdade. É saindo que retornamos com sabedoria e capacidade emocional adequadas para enfrentar os problemas que nos atormentam e nos fazem acreditar que, um dia, vão nos derrotar.

As expectativas passam, os sonhos e a certeza de uma vida acompanhada de charme e amor reaparecem. Consigo perceber a existência de um espaço enorme entre o aqui e o acolá, o agora e o mais tarde. É essa imensa vontade de poder agarrar tudo em volta para criar raízes, procurando pertencer, ser e existir.

Até onde posso sentir e enxergar para poder estar? Voltando para casa depois de uma longa viagem pelo desconhecido, Alice despertou na minha alma a vontade incansável de percorrer o novo com otimismo renovado e uma perspectiva segura de mim mesma no que se referia às minhas decisões.

"O mago é o mestre da alquimia. A alquimia é a transformação. É através da alquimia que você começa a busca da perfeição. Você é o mundo. Quando você se transforma, o mundo em que vive também será transformado. As metas da busca – o heroísmo, a esperança, a graça e o amor – são a herança do intemporal. Para invocar a ajuda do Mago, você precisa ser forte na verdade, sem ser teimoso no julgamento." Assim o médico indiano Deepak Chopra descreve a magia da transformação.

Como podemos viajar se não nos transformarmos em algo novo e melhor para que possamos transcender o tempo, as ondas eletromagnéticas, a luz ou as dimensões espirituais? Qual mecanismo utilizamos para que sejamos capazes de realizar essa vivência sem que percebam, no mundo terrestre, a nossa ausência? Como explicar, em simples palavras, que sumimos por muito tempo, mas que, na realidade, foram apenas segundos desfocados do presente?

Então, com mais convicção, posso afirmar que essa viagem é cheia de peculiaridades, diferente para cada um que procura a sua existência espiritual.

Lembrei-me de um texto que li, de Yehuda Berg, ex-codiretor do Kabbalah Center, escola que estuda a sabedoria milenar de como o universo e a vida funcionam. No sentido literal, a palavra aramaica *Kabbalah* significa "receber", logo, trata-se da ciência que ensina como alcançar plenitude na vida. Segundo o autor, "começamos nossa vida como turistas, mas frequentemente nos tornamos espiões. Turistas vêm para ver o que há de bom, para desfrutar da viagem e perceber tudo o que o lugar tem a oferecer. São bem-humorados, cheios de empolgação, sentem-se felizes com os passeios que fazem. Espiões buscam problemas, sempre percebendo o que está errado, farejando coisas ruins e fraquezas. Se quiser ser feliz, aprenda a viver a vida com a consciência de um turista".

Convido você, meu amigo, a realizar essa viagem como turista da sua própria vida, aprendendo a ressignificar seus conceitos para se adaptar a uma nova perspectiva social e espiritual.

IV

RESGATE DA ALMA

"'Gato, mas eu não quero me encontrar com gente louca', observou Alice.
'Você não pode evitar isso', replicou o gato.
'Todos nós aqui somos loucos. Eu sou louco, você é louca.'
'Como você sabe que eu sou louca?', indagou Alice.
'Deve ser', disse o gato, 'ou não estaria aqui'".
(**Lewis Carroll,** *Alice no país das maravilhas*)

Alice é diferente! Um tipo de alicerce que me prende numa dimensão tão elevada que ainda não consegui distinguir o que existe entre o real e o imaginário, que me faz viver um sonho incompleto, porque a realidade, vira e mexe, acaba por me trazer para a Terra. Mas o que fazer quando se quer viver nas alturas, nas nuvens, pilotar sua própria vida e ajustar os ponteiros para uma nova sensação de poder e controle?

Que tipo de laços podemos estabelecer com o hipotético e o inatingível? Que relação pode existir quando não se tem base para o novo nem experiência para detectar o incerto?

Foi nesse exato momento, nessa imensa e confusa encruzilhada, que me descobri num mundo cercado de fantasia, caminhos cobertos de pedrinhas, árvores enormes, flores púrpura, animais majestosos que falam, fadas madrinhas que voam, estrelas cadentes que brilham na luz, borboletas enormes que cantam, casas feitas de açúcar e castelos enfeitados.

Esse mundo repleto de dobras, desenhos coloridos, pontos indefinidos, retas e variedades de ângulos, números primos e infinitos, somas aleatórias e uma infindável razão numérica a serem resolvidos me foi apresentado por Alice, que, cheia de carinho e doçura, proporcionou-me a descoberta do mundo quimérico.

O lugar a que eu havia chegado, muito diferente do que eu imaginava, era desconhecido das numéricas racionais, porém, seguro no que se referia ao espaço criativo e holístico.

Muito além do que eu poderia sequer sonhar um dia, entendi que essa viagem estaria me proporcionando novas emoções, uma chance para que eu pudesse presenciar todas as formas e tipos diversos de sensações que minha imatura percepção, desprovida de referências, estaria me oferecendo.

Nesse cenário, misturado às fantasias que eu havia criado, percebi que precisava reorganizar minhas significações ligadas ao comportamento inseguro que vinha me acompanhando quanto às reações emocionais que disparavam inconsequentemente em atitudes imaturas.

Acordei, nem sei como, numa casa desconhecida, com pessoas desconhecidas, de hábitos desconhecidos e eu, totalmente desconhecida.

Não sei se isso fazia parte dessa nova fase que eu estava vivendo durante esses acontecimentos. Depois de sobreviver a inúmeras situações de desconforto, medos e perdas, é que consegui, de fato, encontrar-me em uma realidade completamente nova e singular, porém, segura.

Estabilizei-me por algum tempo, como se fosse em outra dimensão física. Meu batimento cardíaco permanecia baixo, meu metabolismo havia desacelerado e minha respiração voltara ao estado de controle e tranquilidade, como se eu tivesse passado por uma máquina e que, ao sair dela, estivesse recauchutada, mais nova, mais bonita e com energia renovada.

Para ser mais sincera ainda, era como se eu tivesse voltado aos meus treze anos de idade, totalmente revitalizada e preparada para qualquer aventura. Essa idade me traz recordações interessantes.

Foi quando atingi minha altura atual, fui na primeira festa de quinze anos, usei salto alto, descobri o gosto do primeiro beijo, senti meu coração disparar por uma paixão, achei que era adulta o suficiente para me responsabilizar pelas minhas atitudes, fumei cigarro, discursei como uma revolucionária social, acreditei que era dona do mundo e que poderia fazer acontecer tudo o que eu desejasse. Descobri a força da juventude, do amor e da paz interior.

Muitas lembranças, família presente, amigos parceiros, festas lindíssimas, viagens exuberantes, passeios encantadores, descobertas incríveis e aventuras fabulosas.

POR QUE ALICE?

"As melhores pessoas são loucas."

(**Lewis Carroll**, *Alice no país das maravilhas*)

Porque é no seu modo de ser, no seu charme que encanta a todos com gestos únicos de ternura, nas brincadeiras alegres e divertidas, na maneira com que se relaciona com tudo que encontra pela frente, no modo como dança com destreza todos os ritmos e abraça incondicionalmente quem estiver ao seu lado. Sorridente pela sua natureza ingênua, doce e agitada.

A simplicidade com que ela consegue absorver os fatos faz com que os questionamentos se tornem simples e direcionados para focar na sobrevivência física e emocional. Sendo assim, a única coisa que conseguiu trazer comigo foi seu bloco de anotações, que, dizia ela, era para não se deixar perder.

Ela não tem passado, não possui história, parentesco, relações e compromissos com ninguém. É desprovida de julgamentos, vem de um mundo atemporal, vagueia pelo consciente, levando o inconsciente, desimpedida de medos e frustrações. Possui alma transparente e pura, podendo se misturar com qualquer pessoa, em qualquer lugar e a qualquer tempo.

Essa história deu início a mais uma longa jornada pela minha vida, de maneira intensa e verdadeira. O coração não parava de palpitar entre as expectativas e as incertezas. Alice veio para mostrar um caminho diferente a percorrer naquele momento da minha vida em que eu não conseguia sair do lugar nem me mover em direção às luzes e cores.

Se eu, desavisada e ingênua, tivesse sido preparada para esse caminho desconhecido, teria organizado a minha ida ao Mundo Encantado com uma bagagem cheia de quitutes.

Mal sabia eu que essa jornada instantânea e misteriosa, cheia de prazeres, tornaria a minha vida mais alegre e rica de conceitos humanos, valorizando e respeitando a nova mulher que eu estava redescobrindo.

Interessante como tudo me foi oferecido, sem que eu pudesse negá-lo. Não me restou tempo hábil para pensar, não podia perder tempo questionando o que estava acontecendo e por que eu havia sido convidada por Alice a participar daquela aventura.

Deixei-me, então, ser transportada sem lucidez num vácuo tridimensional para o "*nowhere*".

UMA QUESTÃO DE FRAÇÕES

"Tudo tem uma moral se você conseguir simplesmente notar."

(**Lewis Carroll**, *Alice no país das maravilhas*)

Sou de carne e osso, luto para encontrar meu espaço nessa infindável rotina que vivemos todos os dias, em que os valores são medidos em frações. Mas, espere aí, quem disse que podemos viver em frações?

Deus criou o homem e a mulher para serem inteiros. Não fomos concebidos para sermos meios, quartos ou oitavos de nada. Somos completos na concepção singular e total da criação divina: uma única verdade, uma única forma, um único ser. Quando nos dividimos, perdemos uma parte da nossa identidade essencial para comandar nossa vida, tomar decisões.

A perda dessa parte significa que não somos mais capazes de caminhar sozinhos. Sendo assim, acabamos por nos desintegrar e nos desqualificar em tudo que fazemos. Tornamo-nos meio profissional, meia mãe, meio pai, meio amigo, meio estudante. Isso porque estou imaginando

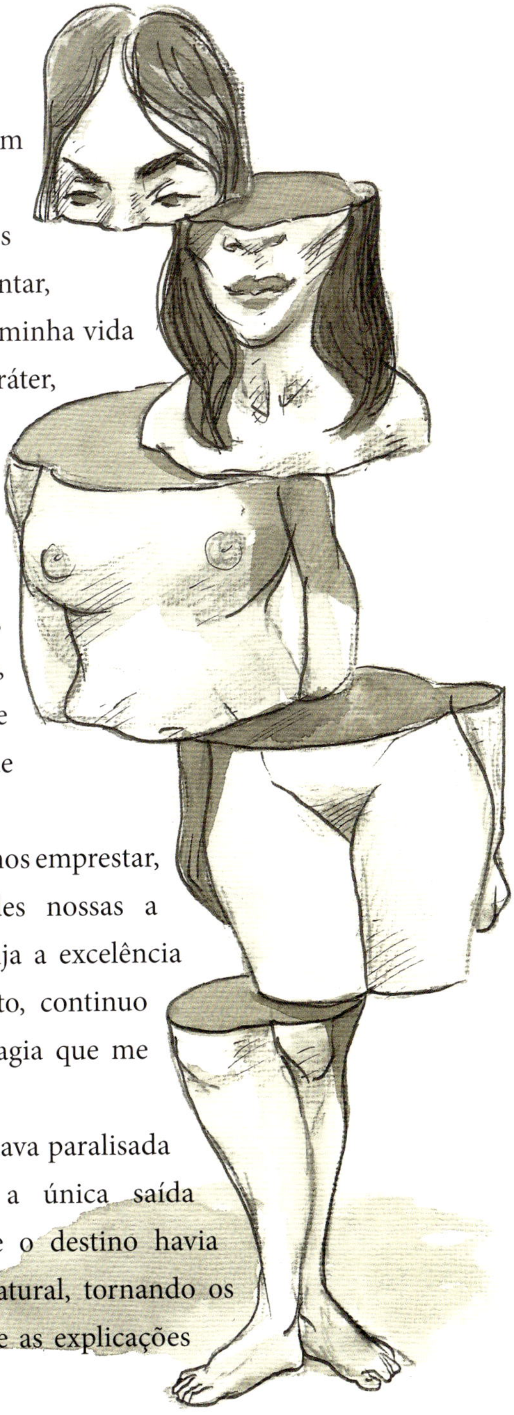

uma metade. Imagine se for um quarto, ou mais!

Entendendo que devemos ser plenos, permita-me comentar, com desgosto, que não aceito na minha vida meias verdades, um oitavo de caráter, meia honestidade ou um décimo de ética.

Não sou meia pessoa, sou completa em tudo que faço e penso. Partindo desse princípio, realizei minha viagem por inteiro, unindo todos os meus eus e sentidos necessários, para que pudesse ter sucesso.

Não podemos nem devemos emprestar, em hipótese alguma, qualidades nossas a nada e a ninguém que não atinja a excelência do nosso merecimento. De resto, continuo na constatação dessa imensa magia que me alucina e tanto me encanta.

Quando descobri que estava paralisada e desorientada, entendi que a única saída era aguardar e respeitar o que o destino havia reservado para mim no sobrenatural, tornando os acontecimentos mais coerentes e as explicações emocionais mais plausíveis.

LIBERDADE

"Você não é a mesma de antes, você era muito mais muitas, você perdeu sua muitesa!"
(**Lewis Carroll**, *Alice no país das maravilhas*)

Escutei uma frase outro dia que me fez pensar bastante: "A verdade oferece liberdade". Essa imensa capacidade de poder escolher o que fazer da própria vida por meio de posicionamentos verdadeiros transformou minha existência numa incrível jornada em direção a mim mesma.

Ora, se a raça humana nasceu para habitar um espaço no planeta Terra, por razões já estabelecidas pela natureza e pela necessidade de sobrevivência, não deveríamos contribuir com nossas habilidades para o desenvolvimento da humanidade, devolvendo aquilo que nos é tirado durante o percurso de nossa vida?

Quando estamos caminhando entre o abismo e o cume das montanhas, o que nos faz continuar seguindo pelo chão sólido e certo é a verdade única que carregamos quando adquirimos o conhecimento apresentado nessa vasta ciência emocional sobre nossa existência terrena.

Entendendo que a verdade deveria ser de ordem primária, ou seja, base de todas as atitudes e comportamentos sociais, não seria correto deduzir que as incongruências que encontramos durante nosso percurso aqui na Terra deveriam nos levar a um único e certeiro caminho?

Com o ego dominando o mundo material e as verdades podendo não ser mais absolutas, tornou-se difícil obter a famosa e tão desejada liberdade. Se somos induzidos a caminhar por uma sociedade aristocrata e egoísta, nossa independência passa a custar um alto valor, levando-nos, novamente, a inúmeras encruzilhadas.

Entendeu por que decidi deixar-me levar por Alice?

Estava vivendo uma enorme mentira na minha vida e uma consequente alienação. Um acorrentamento que se solidificava cada dia mais, aprisionando a minha alma quase que de maneira definitiva.

Encontrava-me presa no mais profundo poço da estima, acompanhada pela solidão, tristeza e mágoa. Quando vivemos assim, e muitas vezes por nossa própria escolha inconsciente, estamos desistindo de lutar, de escolher um caminho, porque nos sentimos fracos e desencorajados. Então, resta-nos viver nesse aprisionamento criado por nós, afinal é o único lugar em que nos sentimos mais confortáveis, por incrível que pareça.

A mentira é uma invenção elaborada pela sociedade para justificar os fracassados. O oposto da verdade é a falsidade, que desnuda qualquer afirmação cotidiana para criar uma dicotomia linguística. Esse tipo de comportamento confunde nossa alma e nosso senso de realidade com o objetivo de esconder e mascarar as fraquezas, de justificar o medo que sentimos do desconhecido.

Alice me livrou dos excessos e desculpas que eu vinha trazendo e me mostrou a essência e a razão de estar existindo nesse universo com a leveza de um sentimento forte e poderoso, o amor. E, sendo assim, escolhi perpetuar minha verdade lúcida e transparente.

Hoje, vivo por amor e para o amor. Assim, consigo amar a mim mesma.

V

CAMINHOS INCERTOS

"Quando acordei hoje de manhã, eu sabia quem eu era, mas acho que já mudei muitas vezes desde então."
(**Lewis Carroll**, *Alice no país das maravilhas*)

Apesar de todo o desabafo, ainda não consegui contar tudo o que me aconteceu. Acho que estou vivendo uma nova história, uma nova maneira de trabalhar e abstrair o que existe de bom nas experiências passadas, mesmo vivendo inúmeras dúvidas em relação ao que fazer para encontrar aquilo em que acredito e aquilo que existe de certo e seguro.

Quando consegui deixar a absolutista Donatella entrar em sono profundo, comecei a percorrer um caminho inverso de questionamentos e dúvidas não respondidas, perguntas mal formuladas e respostas evasivas.

Diante da minha necessidade de autopreservação e um senso imediato de dignidade, resolvi deixar a autopiedade de lado e seguir em frente com os meus ideais, que, afinal, não eram tantos, só a pura necessidade de desbravar o novo.

A proteção que desenvolvemos em volta dos sentimentos cotidianos nos obriga a agir contra um inimigo mortal que criamos durante a vida. Não importa quais sejam as emoções que deixamos trancafiadas, o que interessa é que, ao revivermos qualquer situação que nos remeta a elas, iremos realizar uma ação coerente em resposta ao vazio que deixamos para trás.

Pela expectativa do incerto ou pela paixão pelo desconhecido, decidi mudar o percurso da minha vida – mais uma vez – para me entregar a uma nova e excitante, delirante e inconsciente aventura, à qual, acredito, jamais seria capaz de me entregar não fossem os dias exaustivos e inquietos que vivi como Donatella.

Alice surpreendeu naquele dia chuvoso, quando resgatou minha alma e essência, escondidas e guardadas por tantos anos no meu cantinho secreto.

O esconderijo era tão bom, diga-se de passagem, que demorei uma eternidade para encontrá-lo. Talvez pelo desgaste sereno e responsável da vida que escolhi viver naquele período ou pelos sonhos que, ainda menina, desejei realizar, acabei me confrontando com o óbvio, aceitando aquela realidade que era complexa e exaustiva demais.

MISSÃO MAIS QUE SECRETA

"Se não há sentido neles, isso nos poupa um bocado de trabalho, não é mesmo, pois não precisamos tentar encontrar nenhum."

(**Lewis Carroll**, *Alice no país das maravilhas*)

Encontrei-me diante de mais uma dificuldade que a vida se encarregou de me oferecer, sem me explicar o que estava acontecendo nem pedir licença para entrar na minha casa.

Com o diagnóstico de câncer de mama nas mãos, apressei a realização dos meus projetos de longo prazo e tomei decisões que exigiam ações imediatas.

Durante todo o tempo, vivenciei emoções que me sensibilizaram e me comprometeram com os paradigmas da humanidade. Um retorno aos padrões da moralidade reservados ao senso de compaixão e generosidade.

Poderia dizer, em poucas palavras, que senti uma imensa vontade de realizar um novo projeto, uma missão de cumplicidade e parceria com grupos que trabalhavam para melhorar a qualidade de vida dos pacientes com câncer.

Espere aí! Que raio de missão é essa?

Quem foi que me falou que eu tinha de assumir alguma incumbência? Eu, provavelmente, devia estar completamente fora do eixo para me responsabilizar por uma questão tão séria e pesada como essa, imposta, na época, pela minha desorientada e assustada pessoinha.

Sempre que vemos alguém contemplando uma desgraça, imediatamente pensamos na seguinte afirmação, ou questão: "Nossa, que missão difícil a dela, hein? Que missão você acha que ela tem na vida depois do que aconteceu com ela? Você acredita em missões?".

Não seria preciso enumerar quais foram as questões a que decidi responder naquele momento. Mas posso afirmar, genuinamente, com uma simples constatação, que, pelo fato de sermos dotados de uma grande incompetência emocional quando estamos em perigo, adquirimos um compromisso de honra, a famosa postura enganadora de que tudo está sob controle.

A sociedade, quando movida por pânico generalizado, não consegue compreender os fatos corretamente e acaba por tentar afastar o suposto perigo, impondo a distância necessária para se proteger.

Tudo fica claro quando entendemos que quem se encontra aterrorizado com os problemas não somos nós, mas, sim, as pessoas que criaram motivos irreais para se desvincularem de suas obrigações sociais. Então, seriam elas que nos fazem acreditar que precisamos cumprir nossa missão de vida sofrendo?

Como a sociedade não consegue achar uma única explicação cabível e racional para os acontecimentos que teme, começa a viver uma onda neurótica de explicações para justificar o porquê de se sentir incapaz de aceitar qualquer negatividade aparente.

Isso significa, em poucas palavras, que criamos missões para nossa vida no intuito de justificar nossas adversidades, infelicidades, infortúnios, desventuras, contratempos, reveses, lástimas, perdas, desfortúnios ou desgraceiras, só para nos consolar do óbvio. Já imaginou a quantidade de porquês?

Na verdade, vamos esquecer as missões e aproveitar para fazer o que o nosso coração pede?

Bem, já que a vida havia me trazido novas experiências, entendi que, talvez pela questão do quanto desejava prolongar inconscientemente a existência emocional do meu problema, seria de bom tom que eu continuasse sentada em cima da minha zona de conforto.

Exagerada, eu? Não! Queria me permitir aproveitar todos os benefícios que essa situação poderia me trazer.

QUERO SER O QUE SOU

"Desde que cheguei a esse mundo, só escuto o que tenho que fazer e quem eu tenho que ser. Já fui encolhida, esticada, esfolada, escondida num bule de chá, já fui acusada de ser e não ser a Alice certa, mas esse sonho é meu, eu decido o que fazer a partir de agora, eu faço o meu destino."

(**Lewis Carroll**, *Alice no país das maravilhas*)

A autopiedade e a piedade dos que estão à nossa volta, a atenção entregue com carinho pelos que amamos e a ascendência de nós mesmos como seres carentes nos torna, de fato, peça fundamental e existencial na vida de muitas pessoas, obrigando-nos, de forma consciente, a nos manter num estado de inércia e os outros, de compaixão e piedade.

Somos testados o tempo todo pelo nosso discernimento e capacidade cognitiva. Todos os nossos sentidos começam a se aguçar para que possamos dar início a um processo delicado e intenso de reaprendizagem que nos permita desenvolver habilidades sensoriais para o correto diagnóstico e percepção de nós mesmos.

O abandono daqueles e daquilo que nos provoca dor é o primeiro sinal de que estamos começando a nos entender. Uma atividade interna de proteção e autopreservação. Porém, não posso deixar de comentar que essa atitude é completamente desengonçada e doida, mas importantíssima para a manutenção equilibrada da nossa sanidade mental.

Alice é mais ou menos assim, sempre nos encontrando onde existe tempestade e desesperança para nos ajudar a entender e aceitar a rigidez da nova realidade.

FITA MÉTRICA

"Eu... eu... nem eu mesmo sei, nesse momento... eu... enfim, sei quem eu era, quando me levantei hoje de manhã, mas acho que já me transformei várias vezes desde então."

(**Lewis Carroll**, *Alice no país das maravilhas*)

Alice consegue mostrar que existem caminhos alternativos e seguros para que possamos sair de uma situação desconfortável e conseguir administrar emoções de forma a se encaixarem na dimensão verdadeira da alma de cada um.

Escutei uma frase muito interessante de uma amiga que dizia, alto e bom som, para quem quisesse ouvir: "Nunca mais vou me encolher para caber na vida de ninguém".

Nossa, como essa afirmação é poderosa e verdadeira!

Quando nos modificamos para nos adaptar à vida de outra pessoa, uma hora ou outra, começamos a sentir um enorme desconforto, igual aquele palhaço dentro da caixinha mágica que explode para fora quando pressionado.

Cada qual nasceu e se desenvolveu para assumir um tamanho na sociedade. Um papel e uma obrigação de manter a felicidade. Ora, então por que precisamos deixar de lado nossa estatura emocional para agradar a alguém?

Não podemos voltar à estaca zero. Nossa vida mudou e, assim sendo, já entendemos que não precisamos ser agradados por ninguém e, muito menos, esperar satisfazer a alegria do outro. Somos o que somos, desgastados pelo tempo e cheios de energia para renovar nosso corpo e alma.

Entende o que estou falando? Fico aqui, martelando as minhas tachinhas e só agora percebi que elas são um conjunto de peças que compõem uma única forma. Essa compreensão é fundamental para iniciar a busca de nós mesmos quando estamos partindo para o Mundo Encantado.

Só assim ocorrerá um encontro com a nossa mais pura essência da vida, a nossa infância. Quanto mais intensa e profunda for a caminhada ao desconhecido, conseguindo nos deixar levar sem questionamentos momentâneos, mais especial será o retorno em segurança para a vida adulta, para nossa casa.

Alice é a saída mais segura para podermos atravessar nossos maiores temores e pesadelos sem nos deixar sequelas, ajudando-nos a conceituar de maneira diferente tudo que ficou em aberto e sem resolução em nosso passado mais remoto.

Alice me carregou para onde eu poderia vivenciar grandes aventuras sem que eu me importasse para qual lugar estava indo. Confiei na minha intuição e no olhar acolhedor que ela me deu quando passou pela minha casa, dominando um imenso torpedo repleto de entusiasmo por uma estrada sem limites.

Estava preparada para iniciar um novo caminho com as minhas próprias convicções, sem a dependência de opiniões alheias e regras pré-estipuladas pela sociedade carente de respostas e carregada de atitudes engessadas.

EQUAÇÃO EMOCIONAL SEQUENCIAL

"Humm! Humm! Dê trinta passos pra frente, trinta passos pra direita e mais trinta pra esquerda. Ali existe uma árvore que orienta."

(**Lewis Carroll**, *Alice no país das maravilhas*)

Sempre pensei na possibilidade de assumir minha personalidade irreverente e desajeitada, distinta daquela imposta gentilmente pelos que viviam ao meu redor.

O sentimento de insegurança que eu carregava comigo me transformou em uma pessoa completamente diferente daquela que havia sido um dia. Durante muito tempo, essa atitude me confortou. Até que me dei conta de que eu havia me tornada uma euzinha, uma versão diminuída da Cris.

Em poucas palavras, eu me transformei numa mulher incompleta, menor em tamanho, pertencendo a um lugar pequeno, onde me encaixava de maneira desequilibrada e desconcertada. Todo esse movimento de diminuição era somente para conseguir um espaço dentro do coração das pessoas, para sentir amor e acolhimento.

Fui o que esperavam que eu fosse. Assumi uma estampa que, acreditava, agradava a todos. Vestia-me com uma fusão de opiniões. Assim, fui perdendo a minha metade, o meu lado direito, tornando-me um ser deficiente.

A Cris, depois da viagem, conseguiu desvincular-se de todos os títulos genuínos conceituados pelas almas desesperadas que buscavam encontrar seus semelhantes. Resgatei minha metade, reintegrei-me por completo para viver uma nova pessoa, iniciando um lento processo para me reinventar.

A lei universal da atração, elaborada no século XX pelo movimento Novo Pensamento, declarava que os pensamentos, inconscientes ou conscientes, ditam a realidade da vida das pessoas. Então, quando vivemos com aqueles que nos atraem na intenção de nos fazer acreditar que somos o que realmente não somos, passamos a nos travestir com essa nova máscara para nos trazer um falso sentimento de conforto e segurança.

E aí me vem a pergunta: que atitude tomar quando nos defrontamos no caminho com mais uma opinião negativa e desanimadora? Resposta: nenhuma.

Continue seguindo seu caminho com suas próprias pernas e seus trejeitos. Deixe para trás tudo o que não lhe pertence e carregue somente o que é seu por direito.

DE TUDO FICARAM TRÊS COISAS

A certeza de que estamos começando,
A certeza de que é preciso continuar e
A certeza de que podemos ser interrompidos antes de terminar.
Fazer da interrupção um caminho novo,
Fazer da queda um passo de dança,
Do medo uma escola,
Do sonho uma ponte,
Da procura um encontro,
E assim terá valido a pena existir!

Fernando Sabino

VI

A VIDA COMO ELA É

" 'Vamos, não adianta nada chorar assim!' - disse Alice a si mesma, num tom áspero. 'Eu a aconselho a parar já' — em geral dava conselhos muito bons a si mesma (embora raramente os seguisse), repreendendo-se de vez em quando tão severamente que ficava com lágrimas nos olhos..."

(**Lewis Carroll,** *Alice no país das maravilhas*)

Agora, estou iniciando uma nova jornada, uma nova história cheia de certezas, projetos e desejos de sucesso. Parece que comecei a colocar de volta nas caixinhas as fichas que haviam caído para que se misturassem a todas as outras, como ao final de um jogo de baralho.

Restava reunir todas as cartas novamente para recomeçar o jogo, distribuindo cada uma em seu devido lugar, inaugurando uma nova ordem.

Passei a generalizar todos os conceitos e valores que eu havia absorvido durante a minha jornada. Sem me preocupar em como eram estipuladas as regras, tentei respeitar unicamente o meu desejo de mantê-las em caixas específicas, misturadas dentro do conjunto de cartas a que pertenciam.

Numa trajetória invisível aos olhos alheios, acabei me renovando e possibilitando o aparecimento de um novo significado e processo de aprendizado. Assim sendo, descobri novas importantes qualidades em mim para remodelar conceitos e redefinir atitudes que pudesse trazer comigo de forma a preservar essa alma renascida, cheia de energia e louca para transgredir as regras que eu me havia imposto na época.

São pequenos movimentos na tentativa de sair do escuro, sem direção alguma, para nos transformar em uma flor esplendorosa cuja única direção é a cintilância. É mais ou menos o equivalente a uma redescoberta de nós mesmos, não esquecendo que essa ação requer tempo, disciplina e uma imensa vontade de absorver o novo.

Esse novo nada mais é do que a busca de uma nova identidade que agora nos é atribuída com infinitos sinônimos e numerosas frases, iniciando um processo de redefinição da nossa personalidade. Somos aquilo que os outros gostariam que fôssemos ou como gostariam de ser. Frágeis, porém duros; lutadores, porém desarmados; doentes, porém curados; pobres, porém corajosos.

Espere aí, como assim? Pois é, não somos tudo isso. Somos só pessoas que passaram por uma situação diferenciada, impossibilitando-as de enxergar o futuro com clareza e esperança, e que, hoje, lutam de todas as formas – física, espiritual e emocional – para vencer mais uma batalha. Sempre carregadas de muita coragem e fé e munidas de todos as possibilidades necessárias para seguir em frente.

Caramba, sem nos darmos conta dessa trama, como podemos adquirir essa personalidade deslocada e sem grandes especificações qualitativas pessoais?

Alice aproveita esse momento delicado, quando nossa casa está literalmente destruída pela tempestade, para nos pegar pela mão e nos mostrar a incrível jornada que podemos fazer pelo nosso inconsciente, um lugar onde todas as cores, sons e sensações diversas podem nos devolver às emoções primárias, capacitando-nos a experimentar o novo e divertido mundo fantástico da imaginação.

A VIDA COMO ELA É

Idas e vindas
Escolhas incertas
Decisões incoerentes
Desafios incongruentes
Desabafos injustos
Desapegos incrédulos
Sonhos devassos
Futuro excluso
De uma vida em busca de sentido!
O certo destila a razão
O dever, a emoção
Sentimento puro da alma que um dia foi minha
O que lhe pertence será seu, sempre, meu coração.

Somos únicos na essência e na forma, pensamentos e ideologias. Quando percebemos essa diferença, saímos em busca de nós mesmos, redefinindo a viagem para estarmos conectados ao grande desejo de curar a alma.

Normalmente sabemos o que e onde procurar. A questão, porém, muda muito quando passamos a acreditar em nossas próprias escolhas. Iniciamos um longo processo de valorização da nossa capacidade de discernimento e começamos a adquirir segurança pessoal para caminhar em frente, sem grandes expectativas.

Que delícia essa tarefa! Muito mais fácil e agradável porque não estamos mais perdidos de nós mesmos e, sim, nesse mundo que começamos a descobrir o tanto que pode ser maravilhoso. E podemos torná-lo uma de nossas melhores jornadas de vida.

Quando começamos a não compreender nem mais uma única palavra sequer – digo isso porque acredito que sirva para qualquer mulher à beira de um ataque de nervos –, é que percebemos que já estamos em viagem, que abandonamos o nosso confortável lar porque a tempestade passou e nos carregou, envoltos num imenso furacão.

Essa viagem é sempre cheia de entusiasmo e dedicação. Funciona como se estivéssemos trabalhando na recuperação de nossas lembranças mais remotas. Por exemplo, aquele bosque que identificamos em nossa infância cheio de doces e flores coloridas, com caminhos feitos de pedrinhas e plantas silvestres.

Quantas lembranças positivas e salutares carregamos durante nossa jornada? Trazê-las à tona, em nosso consciente, no momento em que estamos nos sentindo ameaçados, nada mais é do que iniciar um longo processo de redefinição do passado em que a realidade, resgatada por inúmeros motivos, presenteia-nos com clareza todas as histórias que perpetuamos com a dignidade e a virtude necessárias para vivenciá-las.

Estamos renascendo para uma nova vida. Traçamos caminhos, permitimo-nos sentir novas emoções. Desejamos prosperar em todos os aspectos relativos à nossa ressurreição.

Aquela famosa fichinha que guardamos na nossa memória começa a encontrar sua nova caixinha. Sem que se perceba, ela some num passe de mágica, inexplicável e racionalmente impraticável, a olhos nus.

De fato, o que acontece é que, um dia, aquela ficha não precisava mais existir. Ela se resolveu por si só no exato momento em que relembramos uma passagem dolorosa da nossa existência para trazer o inconsciente de volta. Iniciamos o processo de retomada ampliada da consciência.

Essa passagem nem sempre é fácil. Normalmente é dolorosa e cheia de tramas necessárias para que possamos parar e refletir sobre o atual estado de espírito e físico em que nos encontramos.

O universo em que vivemos não comporta um espaço consciente de ações metafísicas e espirituais suficientes para que possamos justificar os acontecimentos. Simplesmente porque nos baseamos nos fatos concretos para explicar as adversidades, e nunca nos imaginários.

SOU TUDO QUE VIVE

Na mente insana e destrambelhada

De alguém que almeja

E sorri com a esperança

E chora com remorso

Na certeza do que não é

Realidade, espantada

Pelo desejo de alcançar

A minha paz

O meu amor

A minha vida

Você.

QUE CULPA TENHO EU?

"Não é que eu goste de complicar as coisas,
elas é que gostam de ser complicadas comigo."
(**Lewis Carroll**, *Alice no país das maravilhas*)

Ora, como isso se explica? Muito simples: quando aceitei viajar com Alice e a segurei pelas mãos, iniciei um processo de releitura dos diversos momentos passados da minha vida. Uma alavanca para uma nova dimensão espiritual e analítica ao mesmo tempo.

Atravessei uma etapa de sofrimento seguido de alívio. Uma conclusão final de ações passadas. Simplifiquei e minimizei o essencial, destruí as emoções e lembranças desagradáveis para dar lugar àquelas que trazem prazer e alegria. Tudo graças a um dos sentimentos mais puro de amor, o perdão.

Sim, iniciamos o famoso e tão comentado processo de remissão com nós mesmos para que, depois, possamos perdoar os outros. Parece fácil, mas não é, não. Simples é o depois. Isso, sim, é o que nos torna únicos, fortes e felizes. No final de todas as contas, zeramos com nosso passado e nos tornamos prontos para viver o presente com toda a intensidade necessária para nos manter vivos e saudáveis.

Perdoar é um processo difícil e lento, apesar de parecer simples e rápido. Fui criada nos moldes católicos de vida, em que parte da culpa que carregamos está baseada em preceitos bíblicos inquestionáveis.

Lidar com esse sentimento significa saber administrar as penitências. Quando entendi que havia absorvido, como uma verdade, as culpas, em exagero, comecei meu trabalho consciente para que eu pudesse me perdoar.

Perdoar-se significa recolocar a posição pessoal de volta ao simples e mero humano, entender que devemos deixar as ambições da alma para retornar ao estado de humildade.

Ser humilde, por sua vez, expressa o reconhecimento de que erramos o tempo todo, assim como também acertamos. Podemos nos dar chances, sempre e várias vezes, para administrar os erros de forma que se tornem conscientes, e depois enfrentá-los e recolocá-los em seu devido lugar.

Preciso fazer um parágrafo sobre erros. Quando me refiro a erros, não estou querendo dizer que tomamos atitudes propositadamente para prejudicar alguém ou a nós mesmos. Falhas requerem atitudes para que possamos retomar nosso rumo, aquele que traçamos, desde muito cedo, para conquistarmos o sucesso.

Minha culpa em ter ficado doente e ter sofrido uma separação no casamento e a consequente falta de tato para lidar com meus filhos levaram-me, acredito eu, a um profundo mar de angústia e tristeza.

Quando entendi que precisava tirar dos meus ombros os fracassos que havia me obrigado a carregar como verdadeiros, comecei a caminhar rumo ao perdão.

Mais ainda, quando consegui tirar a máscara que havia construído para encobrir a minha verdadeira face, aquela manufaturada com o mais puro cobre, descobri uma pessoa que viveu se escondendo com medo das acusações que havia criado para si.

Normalmente, moldamos uma máscara para podermos nos defender dos inimigos que são criados ao longo da vida. Adquirimos uma postura rígida porque achamos que devemos controlar nossos impulsos primitivos, que foram desenvolvidos ao nascermos. Os estímulos reprimidos, como a paixão, a agressividade, o prazer, entre tantos outros, acabam criando uma proteção, uma armadura de ferro que vestimos por muito tempo.

Sim, aquilo que *a priori* lhe parece simples se coloca em ataque para defender você de você mesmo e da pessoa que tentou defendê-lo. Quero dizer, aproveitar uma fantasia que lhe cai bem e assumir um personagem politicamente correto e cem por cento aceito pela sociedade é de uma habilidade extrema. Descobri que sou um gênio do disfarce.

Perdoei, perdoei e continuo me perdoando. Assim como àqueles que me amam e aos que amo menos.

Então, ao reconhecer que somos humanos, dotados de plena capacidade de tomar as decisões que julgamos necessárias para nossa existência, acabamos por nos capacitar e compreender o quanto é importante trabalhar nossas culpas, para que, assim, possamos criar significados notáveis em nossa vida.

Aceitar que somos de carne e osso e deixar de competir com nós mesmos, com os outros e, inconscientemente, com o Divino nos leva a uma trajetória intensa e completa ao eterno, enquanto ainda estivermos buscando a luminescência.

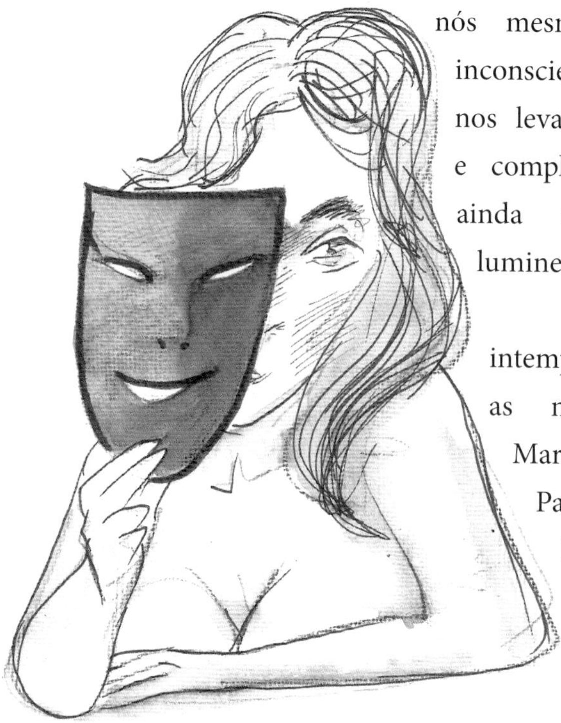

Apesar de toda as intempéries, continuamos sendo as mesmas Marias, Joanas, Marianas, Teresas, Estelas, Patrícias, Cecílias, Anas, Renatas, Flávias, Sílvias, Maras, Mônicas, Reginas, Paulas, Alessandras...

MINHA VIDA, MEU PERDÃO

Nao sei qual é a minha culpa, mas peço perdão. – A luz do farol
revelou-os tão rapidamente que não se puderam ver.
Peço perdão por não ser uma "estrela" ou o "mar",
ou por não ser alegre, mas coisa que se dá.
Peço perdão por não saber me dar nem a mim mesma.
Para me dar desse modo eu perderia a minha vida se fosse preciso –
mas peço de novo perdão... Não sei perder minha vida.

Clarice Lispector

VII

NOVAS SENSAÇÕES

"No decorrer da viagem, Alice encontra muitos caminhos que seguiam em várias direções. Em dado momento, ela perguntou a um gato sentado numa árvore:

— Podes dizer-me, por favor, que caminho devo seguir para sair daqui?

— Isso depende muito de para onde queres ir – respondeu o gato.

— Eu não sei.

O gato, então, respondeu sabiamente:

— Sendo assim, qualquer caminho serve."

(**Lewis Carroll**, *Alice no país das maravilhas*)

Quando iniciamos uma nova trajetória em nossa vida, começamos a usufruir de tudo que está a nossa volta, sempre regados por enorme entusiasmo e vontade desenfreada de aproveitar cada momento em que respiramos.

A cada instante, nova troca de oxigênio faz-se necessária para reativar as células do corpo que estão adormecidas e/ou desgastadas pelo tempo. Isso na tentativa de recriar uma história já vivida ou recomeçar uma nova, o presente escolhido.

Reaprendemos a ouvir os sons, o canto dos pássaros, o assovio doce do vento, o balançar das folhagens, o choro de uma criança, a declaração de amor, a canção que emociona. E então, a enxergar o óbvio, o belo na natureza, o sol que brilha, a lua que se esconde, o mar que embala, a natureza, você, eu, os nossos.

Sentimos o toque de um carinho, a lágrima que escorre pelo rosto, os pelos que arrepiam com as emoções, um beijo doce, um abraço apertado, um toque nas mãos, o correr das águas pelo corpo, a maciez de uma pétala de rosa.

Aguçamos o olfato, sentimos o cheiro do bolo de chocolate da Jô, da grama molhada, do suor causado pelo medo, do perfume das flores, do orvalho numa taça de vinho, dos filhos, do seu, do nosso. E, por último, o sabor que a vida tem, o gosto do doce mais doce, do beijo na boca, da pele, do drinque, do sal, do azedo, do amargo.

Depois de todo esse processo de reconhecimento dos sentidos, iniciamos a experiência de reviver as emoções sem medo. Reaprendemos a caminhar mais suave pelos campos e a nos exercitar de diversas formas para manter nosso corpo e alma em equilíbrio. E eles prontamente passam a nos obedecer, porque adquirimos o controle de nós mesmos.

Submetidos às novas experiências e atentos aos nossos comandos internos, somos levados pela consciência do real a peregrinar, com muito mais segurança e desimpedimento, para que possamos reconhecer com facilidade os entraves que aparecerão durante o novo percurso.

Assim, sentimos os pés mais firmes no chão. O andar se torna mais esbelto, permitindo-nos olhar para o horizonte com perspectivas diferentes. Ou seja, tornamo-nos seguros e confiantes nas decisões futuras e acertos que estão por vir.

Talvez seja esse o grande desejo que embalamos quando estamos sonhando. Poder viajar pelo mundo sem preconceito nem censura, deixando no passado tudo e todos que não mais fazem parte dessa nossa nova vida.

Precisamos correr em direção ao que realmente desejamos, aproveitar as oportunidades de realizar uma grande viagem. Só assim, poderemos ser levados de volta para a nossa essência.

Para minha grande surpresa, descobri que não cheguei a canto algum. Simplesmente esperei o momento certo para voltar ao meu estado seguro. Quando senti total controle sobre mim mesma, suficiente para que eu pudesse tomar as devidas decisões, acordei para mais um dia.

Essas decisões envolvem demais a nossa capacidade de amar verdadeiramente a nós mesmos. Algo parecido com estarmos preparados para nos respeitar e finalmente nos perdoar.

A FUGA É O MELHOR CAMINHO

"Sim, acho que está correto, mas em que Latitude e Longitude estaríamos? (Alice não tinha a mais leve ideia do que Latitude era, ou Longitude tampouco, mas ela pensava que eram boas palavras para se dizer.)"

(**Lewis Carroll**, *Alice no país das maravilhas*)

Por que nunca acreditamos que somos capazes de aceitar nossas fraquezas e imperfeições, muitas delas genéticas e culturais?

Muitos defeitos são criados pelo nosso inconsciente na tentativa de nos defender dos ataques que pensamos estar recebendo, a todo instante, daqueles que acreditamos ser invejosos e inimigos. Como é fácil achar um alvo para justificar as incapacidades alheias!

Mas a verdade é que criamos todo esse cenário, fantasiamos uma situação necessária para nos oferecer conforto enquanto vivemos as incertezas que a vida nos propõe. O fato é bem simples de compreender: toda pessoa sente inveja por alguma razão emotiva. E tem esse sentimento porque admira a capacidade que outra possui de concretizar prazer e felicidade. A inveja tem que ser desarmada para que possamos caminhar rumo ao sucesso.

Inventamos um inimigo corajoso para disfarçar quem realmente nos tornamos e para encobrir o medo e o terror que presenciamos nos momentos de dor e sofrimento. Somos nós que impomos regras para que possamos nos aceitar melhor durante um período turbulento.

Ora, se assumirmos o fato de que toda e qualquer vida tem um dia para terminar, por que não oferecemos a nós a oportunidade de torná-la eterna enquanto dure?

Podemos, então, concluir que somos prisioneiros de nós mesmos, que criamos fantasias boas e também ruins, que possuímos inconscientemente, no fundo da alma, o que desejamos, mesmo sendo negado e totalmente desconhecido por terceiros.

Ao perceber o tamanho da minha fraqueza, resolvi juntar todas as minhas armas e meus sonhos para realizar uma nova missão em minha vida. Carreguei junto comigo tudo o que me atraía e me fazia feliz no meio daquele turbilhão de gente correndo uns contra os outros e contra todos.

Consegui viajar para um lugar desconhecido que nem poderia imaginar que, um dia, seria a melhor viagem de volta para casa da minha vida.

A única maneira para que eu conseguisse me libertar de todos aqueles conceitos seria desejando algo que jamais havia experimentado na minha vida, muito além do inusitado. E só poderia ter sido por meio de Alice.

MEU SONHO

Que seja eterno enquanto eu acreditar
Que seja inteiro enquanto eu permitir
Que seja verdadeiro enquanto eu realizar
Minha vida
Que seja livre enquanto eu respirar
Que seja bela enquanto eu enxergar
Que seja leve enquanto eu andar
Vivo com pessoas que acreditam e permitem realizar os sonhos
meus, seus, nossos e deles enquanto eu respirar e sentir a vida!

VIII

EM BUSCA DA PAZ

"Dizem que o tempo resolve tudo. A questão é: quanto tempo?"

(**Lewis Carroll**, *Alice no país das maravilhas*)

Sempre sonhamos com o impossível e o improvável. Nunca desejamos algo que está fora do nosso alcance quando se trata de uma viagem sem rumo, quase que uma fuga pelo desconhecido, um espaço sinergético, longe de qualquer realidade existente.

Esse espaço foi o objeto de maior encontro com a felicidade e a paz interna, recheada de amenidades simples e repleta de carinho gratuito.

Como é bom quando nos sentimos acolhidos por alguém que, acredito eu, foi coordenado pelo Senhor Todo Poderoso, Deus Pai.

Me encontro num beco escuro,
Como se não houvesse amanhã.
Vejo os portões fechados,
Que trancam minhas perspectivas.
Trágica insegurança,
Aonde vou?

Sou mais uma vez a soma de todos os meus pedaços e mais aquilo que consegui trazer comigo nessa imensa e longa viagem a um universo maravilhoso que não tem fim.

Tenho lido e analisado o momento em que Alice aparece em nossa vida. Diferentemente de tudo que deveria acontecer numa situação em que nos encontramos à beira de um ataque de desespero, percebi que minhas reações foram completamente contrárias àquelas esperadas pelas pessoas que conviviam comigo quando me separei e tive o câncer de mama.

A minha primeira reação ao reconhecer o que estava acontecendo foi a de pensar em como eu ficaria nos minutos seguintes, como eu trabalharia minhas emoções, que se desenrolariam durante todo o período, como ficariam as pessoas que estavam diretamente relacionadas a mim e como eu viveria as minhas novas experiências.

Achei que enlouqueceria com tanta informação, mas descobri que os primeiros instantes passam e nada acontece. Somente um grande susto e um salto descompassado do coração. De resto, toda preocupação sumiria num piscar de olhos.

CAPACIDADE DE SE TRANSFORMAR

"Lagarta Azul: Quem é você?
Alice: Eu... já nem sei, minha senhora, neste momento...
Bem, eu sei quem eu era quando acordei esta manhã,
mas acho que mudei tantas vezes desde então...
Mas o que sei é que tudo isso parece muito estranho para mim."
(**Lewis Carroll**, *Alice no país das maravilhas*)

Somos seres fantásticos, dotados de uma capacidade mágica de reverter as situações desconfortáveis em que nos encontramos e torná-las agradáveis e seguras. Vivenciei claramente uma situação de resiliência. Mas o que seria isso?

Resiliência é a capacidade que possuímos para enfrentar problemas e obstáculos sem entrar em conflito emocional ou psicológico. Desenvolvemos uma habilidade natural de nos ajustar a novas circunstâncias, adaptando novos métodos e procedimentos para restaurarmos o passado e darmos um passo à frente.

Traçamos objetivos constantemente para nossa vida e nos vemos muitas vezes paralisados, sem reação, quando algo excepcional acontece diante de nós. Ser resiliente é possuir habilidade de se adaptar e reinventar a si próprio, traçando novos caminhos sem precisar abandonar projetos futuros. Precisamos acreditar e confiar que tudo acabará bem, precisamos nos encher de otimismo porque possuímos valores estruturados internos e fundamentados em fortes alicerces.

Lembro de um ditado antigo: "Não conseguimos controlar os ventos que sopram no nosso barco, mas podemos ajustar as velas para chegarmos ao nosso destino". É exatamente o que uma pessoa resiliente faz: ela ajusta as velas para chegar ao seu objetivo, adaptando-se e agindo com flexibilidade diante da conjuntura adversa.

Resiliência é um dos sinais do verdadeiro líder, capaz de enfrentar e suplantar adversidades com serenidade em situações de estresse.

Entendo que, nos dias de hoje, para suportar a brusca mudança emocional que atravessamos, muitas vezes vivemos a duplicidade: sérios, porém brincalhões; delicados, porém fortes; educados, porém agressivos. Em outras palavras, temos de acreditar que tudo vai terminar.

Como assim? Sofri muito durante as minhas cirurgias mamárias. Sempre insegura com as imagens que apareciam quando me olhava no espelho. Meu médico falou que eu iria ficar bem, que não era uma plástica de embelezamento, mas uma reconstrutiva. Quando entendemos a realidade, passamos a sonhar novamente com o possível e a acreditar que tudo terá um final feliz.

Eu inventei uma modinha aqui em casa para mim. Quando fiz a mastectomia e retornei ao quarto com um par de seios novos, escondidos em bandagens, apelidei minhas mamas de Jolies. Sim, ela mesma, Angelina Jolie! Sabia que eu teria um longo caminho para que esse par ficasse ao meu contento. Sabia também que não ficariam como os da Angelina Jolie. Hoje, quando os vejo, acredito veramente que são os da Jolie *(risos)*.

O que quero dizer é que me adaptei rapidamente às novas experiências vividas, procurando saber o que poderia aprender para me modificar conforme as novas necessidades.

Essa viagem tridimensional que experimentei me premiou com uma livre passagem para viver meus dias de glória da melhor maneira possível.

Meu relógio biológico não regula mais com o oficial nem com o horário mundial. Meus segundos valem muito mais que o padrão, meus dias são mais longos e os anos se tornam décadas.

Depois de uma análise como esta, singela, porém intensa no sentimento único de felicidade e totalidade, permito-me fazer muitas outras viagens extrassensoriais, desfrutando-as em sua plenitude.

MISTURAR TUDO PARA VER COMO FICA

"Alice, não pode viver a vida para agradar aos outros.
A escolha tem que ser sua!"
(**Lewis Carroll**, *Alice no país das maravilhas*)

Devemos, apesar das incertezas e medos, arriscarmo-nos muitas vezes em atitudes desconhecidas porque sempre poderemos colher algo bom dessa experiência.

Ao liberarmos o que nos faz mal, abriremos espaço para que o bem nos preencha de paz, alegria e uma intensa sensação de plenitude.

Compreendi, tardiamente, que minha maior perda foi a vida que eu havia construído para mim. Vou explicar melhor. Pensei muito se deveria compartilhar essa experiência, que, sem dúvida alguma, foi uma das minhas maiores descobertas.

Voltando atrás, depois que deixei a Donatella e após entender o que havia acontecido comigo durante o tratamento preventivo de câncer de mama, experimentei um grande e devastador desastre em minha vida que jamais imaginaria viver um dia.

Donatella causou enormes danos para mim e minha família inteira e as consequências foram desastrosas. Ao mesmo tempo em que me ajudou a me encontrar e me encorajou a procurar novas soluções para o caos que eu vivia, também trouxe uma tristeza muito profunda, a minha separação do meu parceiro depois de trinta e dois anos de convivência mútua.

O único momento que convém assinalar aqui diz respeito não à discussão de todo o doloroso processo de uma ruptura, mas àquilo que acontece quando criamos uma simbiose com a pessoa com quem vivemos. E só nos damos conta dessa conexão quando percebemos que uma parte nossa não consegue se desgrudar da outra.

Inversamente ao que eu poderia imaginar, fiquei correndo atrás do meu outro pedaço, acreditando que o receberia logo de volta. Como bem alertou uma amiga, porém, demoraria alguns pares de anos para que eu conseguisse me recompor e construir minha nova vida. Ela sempre me confortava nos momentos em que eu me sentia pequena, dividida e solitária.

Validada essa afirmação, saí buscando ajuda em todos os cantos, desesperada para deixar esvair-se a imensa dor que eu sentia no peito. Essa dor rasgava minha alma. Sofri demais. E como!

Ainda hoje, sofrendo as consequências de minhas escolhas, tenho tentado refazer minha vida ao lado dos que realmente me amam e me ajudaram a reconquistar meu espaço vital neste universo, um mundo onde, infelizmente, o que conta para a maioria das pessoas é o ego exacerbado.

Quando falo em refazer a vida, estou me referindo à conexão que tive de elaborar entre os meus dois lados. A religação de todos os sentidos, veias sanguíneas, tecido muscular, pele e estrutura óssea. Sim, verdade, a sensação é essa, a de costura da minha outra metade em mim mesma.

Hoje eu entendo a importância de sermos aquilo que desejamos ser e de não tentarmos corresponder às expectativas que nos rodeiam. A ruptura da alma causa uma dor infinita; a cura, a religação para sempre.

Bem, voltando ao raciocínio, essa simbiose que criei foi responsável pelo surgimento do meu segundo câncer, ou seja, depositei imaturamente uma parte de mim em outra pessoa. Como assim?

Assim mesmo, pois, quando ela foi embora, metade da minha alma estava junto com ela e foi embora também, para minha grande surpresa. Logicamente, qualquer atitude que ela tomasse iria carregar minha metade junto. Nas idas ao cinema, nos namoros e jantares com amigos, eu estava lá, juntinho, sem saber como sair. E sem entender que precisava me ajudar a me descolar da alma dela.

Não foi fácil e ainda vivo os resquícios injustos e insanos desse meu abandono.

Se eu me arrependi? Não. Precisava dessa ruptura para me solidificar e me fortalecer. Entendi que eu tinha uma vida passada para acertar e uma futura para realizar.

Daí o meu exagero em repetir, por diversas vezes, a importância de cuidarmos da nossa essência desde cedo, de nos preocuparmos em não deixar que ela se decomponha, que se alinhe e se misture a outras tantas que passam pela nossa história de vida.

Hoje, graças a tudo que me aconteceu, compreendi qual era o espaço ao qual eu pertencia neste mundo. Ensino aos meus filhos a importância de não se deslocarem, de resguardarem sua alma. Para tanto, necessitamos de autoconhecimento e consciência plena de que agimos assim, na maioria das vezes, sem nos darmos conta. Em algum lugar do passado, deixamos uma lágrima presa dentro de nós que poderá ser responsável pela ruptura da alma em algum momento no futuro.

Meu segundo câncer me mostrou que eu ainda vivia na alma de outro. Só assim, e assim mesmo, como mais uma bênção que essa doença me trouxe, consegui me separar da pessoa em quem me encostei por dois terços da minha vida.

Um parêntese: não quero deixar de reconhecer o quanto pude ser feliz ao lado da família que construímos juntos. Fui feliz, realizada.

Hoje, trabalhando com mulheres que sofrem de câncer, percebi que muitas delas cometeram o mesmo erro que eu. Assim, tento ajudá-las a enxergar suas metades, mostrando como recuperar os espaços energéticos e físicos pessoais importantes para poderem encontrar sua própria essência.

CONSTRUÇÃO DO MURO

"Alice: É uma história triste.

Tweedle Dee: Mas tem uma moral.

Alice: Ah, uma moral muito boa, se você se parece com uma ostra."

(**Lewis Carroll**, *Alice no país das maravilhas*)

Com inúmeras limitações, fomos criados para nos tornar pessoas únicas e distintas em todos os momentos. Isso nos leva, muitas vezes, a perder o foco e a nos desviar para longe de nossa meta sempre que nos sentimos aprisionados a um problema ou pressionados pela vida. Um dia, ela nos cobra tudo aquilo contra o qual lutamos, tornando-nos seres humanos eternamente insatisfeitos e aprisionados em nossos próprios conceitos.

Devemos oferecer mais de nós mesmos diante das expectativas dos que vivem no nosso entorno, lutando com as próprias armas para nos defender das invasões liberadas por falta de espaço emocional. Ou seja, se preenchermos nossos pensamentos com emoções desnecessárias, acabaremos por abrir mão da segurança interna e externa, o que nos causaria uma exposição direta às violências afetivas e morais.

Não sei lidar com agressões, desavenças e trapaças. Sou assim, sem eira nem beira. Em relação às emoções do coração, sou destrambelhada. E, quanto à vida, vim desavisada para este mundo.

Minha passagem é intensa, porém simples na essência.

Quem vem para amar incondicionalmente não consegue entender as cobranças infortunosas que tornam as pessoas tão severas com elas próprias. Isso as impossibilita de enxergar o próximo com a devida compaixão, gratidão e humildade.

Essa mania de amar demais me exaure e me cansa.
Não consigo entender como as pessoas são capazes de se relacionar
sem se envolver na intensidade e capacidade de demonstrar
qualquer tipo de afeto ou afeição.
Capricho desacelerado...

Não precisamos viver aquilo que não conseguimos suportar. Devemos ser gratos e felizes por termos uma vida abençoada por Deus. Vamos aproveitar as oportunidades que a vida nos oferece para nos tornar melhores, completos e capazes de nos doar sem julgamentos preestabelecidos.

Estar em paz possibilita entrar em acordo com as nossas próprias expectativas e com as alheias. No final das contas, não podemos nos esquecer de que nossa passagem pelo consciente requer atitudes nobres.

Cabe aqui trazer mais um assunto que julgo importante para que possamos fazer essa travessia com êxito.

Tenho pensado muito em como os limites são fundamentais para que possamos preservar nossa personalidade e consciência agregadas. Acredito que, quando deixamos nossa vida com os portões abertos, muitas vezes escancarados, permitimos que qualquer pessoa possa entrar em nosso campo sagrado.

Mesmo pensando que você deixou na torre um guarda de prontidão, qual a capacidade que ele tem para julgar quem pode ser capaz de entrar em sua vida, no seu castelo sagrado, na sua alma? Quais seriam as regras que ele deveria cumprir para realizar essa seleção?

Entenda, não existe ninguém melhor que você mesmo para delimitar seu espaço e definir suas regras. Quando ouvimos e nos convencemos de que precisamos nos proteger das energias ruins, dos maus-olhados, das pessoas invejosas, dos trabalhos espirituais, saímos à procura de ajuda em todos os níveis espirituais. Buscamos proteção divina, corremos para uma religião, grupos de orações, banhos especiais e muitos outros.

A questão é: será que estamos nos protegendo espiritualmente e fisicamente, de verdade?

Definimos, em determinados momentos, que devemos entregar nossa vida nas mãos de algo milagroso, de um mágico ou responsável religioso para nos proteger do mal.

Espere aí, como assim?

Como podemos defender a entrada em nosso campo vital desse jeito? A proteção divina vem de conduta interna, de fé e amor incondicionais a Deus. Não precisamos ver para crer. Devemos acreditar que existe um Deus que nos defende e protege desde que possamos cumprir a nossa parte.

São Tomé, um dos discípulos de Jesus, em uma passagem, retrata muito bem a situação do ser humano desejoso de acreditar em tudo que vê, necessitado de sinais que possam comprovar os fatos. Quando Jesus ressuscitou, Tomé precisou ver as mãos estigmatizadas com as cicatrizes dos pregos para acreditar que era o Próprio que estava em sua presença.

Eu creio num Deus Todo-Poderoso. Entreguei minha vida nas mãos Dele quando deixei de querer controlar a minha, a sua e a do próximo. Quem deve estipular as regras para que possam frequentar o nosso interior somos nós mesmos.

Definida a cerca espiritual, devemos começar a procurar ajuda emocional. Alguém que consiga responder às nossas dúvidas, que traga ao nível consciente nossos medos, traumas, enfim, nossa história, para que encontremos segurança e paz. Precisamos aceitar nossos limites para que sejamos capazes de impô-los aos outros.

Depois de todo esse trabalho com nosso entorno, devemos escolher o tipo de material que iremos usar na construção da nossa torre de controle.

Qual a altura necessária para visualizar o inimigo, como fazer para alertar os soldados em caso de invasão iminente e qual o sistema de segurança que deverá ser instalado.

O próximo passo é contratar agentes da polícia, seguranças treinados e delegados competentes para cuidarem da nossa saúde física, além de médicos de confiança e mentores espirituais. A importância dessa equipe é a base que fundamenta a saúde física. Precisamos confiar na equipe para nos ajudar na cura e no bem-estar.

Assim, buscamos melhorar nossa qualidade de vida, encontrando e definindo o que realmente gostamos de fazer, o que nos diverte e nos aproxima dos momentos alegres, entretenimentos diversos, amigos e amores que nos divirtam e nos ajudem a proteger o ambiente interno, aumentando nossa segurança e conforto.

Você entende, então, por que precisamos, primeiro, arrumar a nós mesmos, para depois impor os limites? Selecionada a equipe, tudo fica mais fácil. Começamos a ter orgulho de nós mesmos ao perceber o quanto somos capazes de fazer para nos proteger das ameaças que, um dia, deixamos que penetrassem nossa alma.

Termino este capítulo reverenciando um grande escritor e poeta, Mario Quintana, que, para mim, conseguiu descrever as emoções de maneira a que qualquer um pudesse interpretá-las, sem se perder no universo das palavras e dos delírios.

"Depois de muitas quedas, eu descobri que às vezes, quando tudo dá errado, acontecem coisas tão maravilhosas que jamais teriam acontecido se tudo tivesse dado certo. Eu percebi que, quando me amei de verdade, pude compreender que, em qualquer circunstância, eu estava no lugar certo, na hora certa. Então, pude relaxar. Pude perceber que o sofrimento emocional

é um sinal de que estou indo contra a minha verdade. Parei de desejar que a minha vida fosse diferente e comecei a ver que tudo o que acontece contribui para o meu crescimento. Comecei a perceber como é ofensivo tentar forçar alguma coisa ou alguém que ainda não está preparado, inclusive eu mesmo. Comecei a me livrar de tudo que não fosse saudável. Isso quer dizer: pessoas,

tarefas, crenças e qualquer coisa que me pusesse pra baixo... Minha razão chamou isso de egoísmo. Mas hoje eu sei que é AMOR-PRÓPRIO. Quando me amei de verdade, deixei de temer meu tempo livre e desisti de fazer planos. Hoje faço o que acho certo e no meu próprio ritmo. Como isso é bom! Desisti de querer ter sempre razão, e com isso errei muito menos vezes. Desisti de ficar revivendo o passado e de me preocupar com o futuro. Isso me mantém no presente, que é onde a vida acontece. Descobri que na vida a gente tem mais é que se jogar, porque os tombos são inevitáveis e a hora que a gente levanta ninguém segura. Percebi que a minha mente pode me atormentar e me decepcionar, mas quando eu a coloco a serviço do meu coração ela se torna uma grande e valiosa aliada. Também percebi que sem amor, sem carinho e sem verdadeiros amigos a vida é vazia e se torna amarga. Hoje eu só tenho encontro marcado com aquilo que me interessa. Posso ter defeitos, viver ansioso e ficar irritado algumas vezes, mas não esqueço que minha vida é a maior empresa do mundo. E que posso evitar que ela vá à falência. Ser feliz é reconhecer que vale a pena viver, apesar de todos os desafios, incompreensões e períodos de crise. Ser feliz é deixar de ser vítima dos problemas e se tornar autor da própria história. É atravessar desertos fora de si, mas ser capaz de encontrar um oásis no recôndito da sua alma. É agradecer a Deus a cada manhã pelo milagre da vida. Ser feliz é não ter medo dos próprios sentimentos. É saber falar de si mesmo. É ter coragem para ouvir um 'não'. É ter segurança para receber uma crítica, mesmo que injusta."

Mario Quintana

IX

TEMPO PARA DESPERTAR

"'Se você conhecesse o Tempo como eu conheço', disse o Chapeleiro, 'não falaria em desperdiçá-lo, como se fosse uma coisa. É um senhor.'
'Não entendo o que você quer dizer', disse Alice.
'Claro que não entende!', disse o Chapeleiro, atirando a cabeça desdenhosamente para trás. 'Acho que você nunca sequer falou com o Tempo!'
'Talvez não', respondeu Alice cautelosamente, 'mas sei que tenho de bater o tempo, quando estudo música'.
'Ah! Isso explica tudo', disse o Chapeleiro. 'Ele não suporta ser batido. Agora, se você mantivesse boas relações com o Tempo, ele faria quase tudo o que você quisesse com o relógio. Por exemplo, vamos supor que fossem nove da manhã, bem na hora de começar as aulas. Você só teria de sussurrar uma dica para o Tempo, e o ponteiro giraria num piscar de olhos! Uma e meia, hora do almoço!'"
(**Lewis Carroll**, *Alice no país das maravilhas*)

Nesse Mundo Encantado, entre idas e vindas, acabamos por deixar uma parte pequena de nossa alma por todos os cantos por que passamos, como se fosse um pó de pirlimpimpim. Da criação de Monteiro Lobato para a obra *O Sítio do Pica-pau Amarelo*, os personagens Emília, Pedrinho, Narizinho e Visconde usavam o pó para se transportar, magicamente, de um lugar ao outro.

Durante o curto tempo em que estive de férias do meu consciente, apelidei esse momento de "período deserto". Deslumbramo-nos com nossa

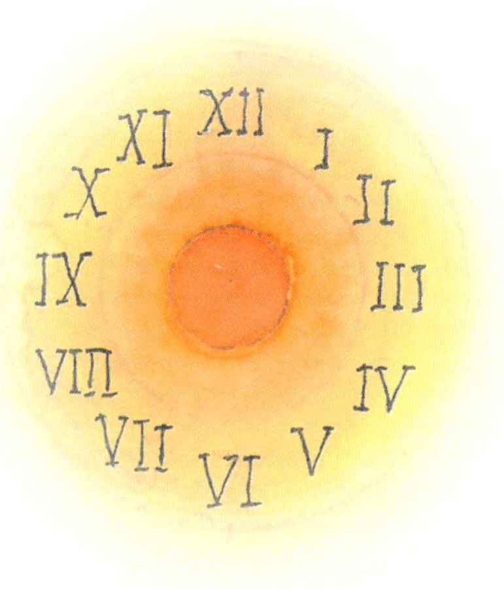
XII I II III IV V VI VII VIII IX X XI

capacidade de buscar aquilo de que necessitamos. Vislumbramos como conseguimos ter força para continuar caminhando em frente sem ter de derrubar parede alguma.

Quando nos encontramos em um deserto, perdemos a noção de onde estamos e não conseguimos enxergar o horizonte, traçamos uma meta e definimos um objetivo a ser alcançado. Quando nos vemos abandonados no meio do nada, essa busca torna-se implacável e destemida, diante de qualquer prova. Somos capazes de fazer tudo para conseguir sobreviver às ameaças. Usamos toda a força que possuímos para nos ajudar a encontrar um lugar de sombra e água fresca.

Ao sermos desafiados pelo universo, tornamo-nos incondicionalmente mais fortes e maiores. O personagem fictício que vive dentro de nosso inconsciente possui capacidade para desenvolver suas próprias garras, podendo a qualquer instante nos derrotar. Só assim entendemos que precisamos enfrentar nossos monstros para nos defendermos de nós mesmos.

TEMPO

"Alice suspirou cansada. 'Acho que você poderia aproveitar melhor o seu tempo', disse, 'em vez de desperdiçá-lo propondo charadas que não têm resposta'."

(**Lewis Carroll**, *Alice no país das maravilhas*)

Tic-tac, tic-tac, tic-tac. O tempo corre, mas não passa. Talvez seja essa minha visão diferenciada do mundo, em que tudo parece se movimentar em *slow motion*, velocidade quase como a inércia e a gravidade zero.

É nesse exato instante que criamos situações e oportunidades para vivenciarmos com intensidade as novas experiências. Tempo necessário para aprendermos lições importantes sobre o resgate da alma.

Não sei se podemos falar em superação, mas em um desejo constante de sermos melhores e muito mais fortes em substituição à antiga sensação que tínhamos sobre nós, àquilo que imaginávamos ser e não éramos, por ironia do destino.

De repente, e sem razão alguma, descobrimo-nos em meio a uma paz interna muito elevada, numa leveza do ser e do espírito capaz de nos transportar para lugares onde nos presenteamos com prazeres extravagantes de poder viver num lento e único tempo, peculiar às nossas necessidades de superação.

A capacidade de interagir com o tempo é completamente inerente às nossas vontades e desejos pessoais. Quando experimentamos o despertar para uma nova dimensão, enchemo-nos de coragem e confiança para que possamos ser guiados, não mais pela destreza da razão, mas pela insensata alma, que transborda saber.

Estou querendo dizer que, quando experimentei uma nova composição entre o tempo e o espaço, descobri que a viagem ao Mundo Encantado transformaria o meu tempo real em um tempo atemporal, beirando a irracionalidade. Caminhei adiante com uma nova e atraente perspectiva. Um tempo sem tempo real, em que as horas se transformavam em espaços muito mais dimensionais do que eu poderia imaginar.

Não me lembro de ter encontrado relógio algum na casa, ao redor, no bosque ou na estrada. Era como se o tempo não existisse. Sem marcadores. A única referência que permanecia para me orientar era o sol, a determinar meus dias, e as estrelas, as noites.

Ora, se o tempo não existe na forma passiva de compreensão, então, por que não o trazemos para perto de nós e passamos a tratá-lo como um aliado? Foi nesse momento que despertei para o óbvio e entendi que precisava deixar o tempo me guiar, sem questionamentos, simplesmente permitindo-me seguir pela convicção de que ele sabia para onde estaria me levando.

Minha sensação cronológica ficou tão indefinida que eu mal conseguia me lembrar de como ela havia passado pela minha vida. Ou melhor, de como ela estava reagindo ao meu descompromisso com o tempo.

O que quero dizer é que, quando estamos momentaneamente incapacitados de tomar decisões, não devemos nem podemos agir ou sair do lugar. Não somos espertos nem preparados o suficiente para prestar atenção aos minutos que correm nos ponteiros do relógio.

Quando acordamos depois de uma incrível travessia pelo desconhecido, percebemos que o tempo certo e verdadeiro não caminha mais na mesma intensidade com que outrora nos foi apresentado. Só assim podemos despertar para um novo tempo mágico, em que o ponteiro das horas estaciona, o dos minutos inexiste e o dos segundos corre numa fração inversamente proporcional ao dia.

Consegue entender o que aconteceu comigo? Racionalmente, nem eu mesma, ainda.

Pensar no tempo é algo que nos deprime demasiadamente quando estamos em plena capacidade ilusória da percepção cognitiva.

Decidi, modestamente e com a simples compreensão que possuía do universo, que eu deveria fazer alguma coisa de produtivo para mim, que precisaria aproveitar ao máximo essa minha nova experiência e tentar transformar meus conceitos para conseguir viver em harmonia nessa nova realidade que adquiri com a viagem. Como disse anteriormente, caso não tenhamos jogo de cintura, a rigidez de postura pode quebrar toda a nossa estrutura primária, deixando-nos lesados e solitários.

Tudo que é diferente atrai a nossa atenção, seduzindo-nos e enfeitiçando-nos de maneira tal que não conseguimos mais olhar para a mesma verdade. Todo cuidado é pouco quando estamos perdidos num universo desconhecido.

AMANHÃ, COM SIGNIFICADO NOVO

"Mas os poços da fantasia acabam sempre por secar e o contador de histórias, cansado, tentou escapar como podia: o resto amanhã. Já é amanhã."

(**Lewis Carroll**, *Alice no país das maravilhas*)

Precisava viver os meus dias com a máxima intensidade, como eu jamais havia experimentado antes.

Agucei todos os sentidos e sensações que eu havia desenvolvido durante a vida para armazenar, de modo real e transparente, todo e qualquer conhecimento pertinente à minha individualidade. Esse processo seria necessário para que eu pudesse voltar com segurança para casa.

Quando falo em voltar para casa, quero dizer trazer na bagagem o que aprendemos e adquirimos durante o período em que estivemos fora, para poder retornar ao nosso lar original e ao nosso destino, com tranquilidade, acrescidos de novas lembranças e vivências.

Para tanto, precisava registrar todos os detalhes e tudo que eu estava aprendendo da maneira mais sutil e detalhada possível. Usei todas as palavras que existem no dicionário para conseguir transcrever, de modo que todos entendessem, os momentos que estavam emergindo do meu subconsciente. Uma memória decodificada para entender quais etapas deveriam ser atingidas ao reverenciar a passagem pelo desconhecido.

Para que eu pudesse encontrar o caminho de volta, seriam necessárias múltiplas técnicas emocionais e afetivas, visto que minhas partes nanoinvisível e física já estavam preparadas para se decomporem durante essa travessia desnuda de informações e explicações.

Ressignificar o passado era, então, para mim, um trabalho destinado exclusivamente aos deuses do Universo. Até o dia em que absorvi com total consciência que era de minha responsabilidade dar o devido significado para cada acontecimento da minha história vivida.

Situações assim poderiam me levar à loucura. Mas tive a grata alegria de poder recuperar meus pedacinhos com a ajuda desse grande e impetuoso sr. Tempo, meu amigo e fiel companheiro. Foi ele quem me esperou e me ajudou a compreender o processo de reconhecimento do novo espaço que eu estava a ocupar. Acredito que isso levaria uma eternidade, não fossem os relógios malucos me apressando para retornar ao meu lugar de origem.

Preste bem atenção, não é uma escolha de vida, é uma doação que recebemos (não sei bem de quem, ou talvez saiba...). Mas herdamos isso com tanta gratidão e contentamento que passamos, a partir desse momento, a dedicar mais tempo às nossas novas escolhas de forma mais intensa.

Depois de todo questionamento que adquiri, de todas as incertezas proporcionadas pela minha outra vida, surpreendo-me hoje, sentada e em silêncio, simplesmente contemplando a escuridão, sem medos ou desafios, segura de que posso estar em qualquer lugar para me sentir plena, leve e desimpedida de quaisquer padrões estabelecidos anteriormente.

Acho que o tique-taque do relógio soa para aqueles que vivem com pressa de chegar a algum lugar que ainda não sabem bem onde. São pessoas que vivem caminhando em círculos, sem desvios nem devaneios.

PROFISSÃO: ISCA OU PESCADOR?

"Não adianta nada fingir ser duas pessoas!"

(**Lewis Carroll**, *Alice no país das maravilhas*)

Quando estamos vivendo momentos intensos, questionando tudo que encontramos à nossa frente, é que percebemos o quanto somos incapazes de fazer escolhas. Respiramos um ar sob imensa pressão e, infelizmente, acabamos por nos dar de presente uma sofisticada armadilha, preparada com esmero, para que possamos ser presas de nós mesmos.

Ou seja, estamos procurando ser presas fáceis para podermos nos libertar dos tique-taques da vida, das convicções e dogmas que a sociedade impõe aos fracos e solitários. Só para que, simplesmente, não haja mais caos na estrutura social e cultural da qual participamos.

A própria doença, por exemplo, vem disfarçada como uma presa para ser agarrada e mordida por um monstro com enorme força nos dentes. Ela veio sem avisar e deliberadamente me incapacitou de tomar as decisões mais sustentáveis e cabíveis a cada momento.

Trata-se de um golpe mortal porque estamos desesperados. Não temos tempo de carregar nossas armas e nos defender. O medo da derrota é tamanho que nos tornamos frágeis e prontos para sermos derrotados em segundos. Isso significa, em poucas palavras, que criamos uma situação falsa em nosso pensamento, uma fantasia que nos apavora.

A intenção era ser poupada pelos que me cercavam, mesmo que isso significasse um enorme dano para minha estabilidade emocional, mesmo custando toda a minha integridade moral.

Cada um de nós, seres humanos reais, possuímos uma capacidade de ação de subsistência quando nos tornarmos nossa própria presa, no exato momento em que estamos precisando de trégua. Entrar no jogo e nos fingirmos de mortos para que o inimigo não nos aprisione, por exemplo, pode ser uma dessas ações. Por diversas vezes, quando assisto a filmes de lutas e guerras, questiono: por que o mocinho não cai no chão e se finge de morto para o bandido?

Minha doença me pegou de forma perspicaz e serena. Permitiu que eu me mantivesse numa postura inerte por um imenso período, prontinha para ser atacada e caçada por qualquer um que estivesse nas redondezas.

Primeiro, o desespero e a sensação de traição pela vida; depois, por nós mesmos. Sim, caímos em nossas próprias ciladas. Acabamos por nos decepcionar com o nosso lado humano porque descobrimos, duramente, que somos frágeis e não possuímos o poder divino de decisão e julgamento sobre nossa vida.

Somos seres humanos mortais, bem mortais. Não somos dotados de nenhum poder extraterrestre nem extradimensional conhecido que nos capacite a nos controlar. E muito menos a controlar o nosso próprio corpo – incrível como ele tem vontade própria.

Finalizando, devemos tomar enorme cuidado com as ciladas distribuídas pelos nossos caminhos durante a vida. Um dia qualquer, elas podem nos trair e nos ferir com uma voracidade implacável.

Se somos capazes de criar situações que podem nos atrair às nossas próprias armadilhas, somos também capazes de nos livrar delas, pois sempre soubemos exatamente qual o segredo necessário para desarmá-las.

Foi nesse momento exato de libertação que acabei caindo nesse Mundo Encantado, onde você escolhe qual personagem quer ser em uma nova aventura intergaláctica.

Depois que me permiti ser abduzida pela competente e determinada predadora Donatella, surpreendi-me com o fato de que nós, seres humanos frágeis, somos abençoados por uma força extraordinária quando estamos sob ameaça.

Seja pelo destino cruel ou pela luta pela sobrevivência, acabamos vencendo quando aprisionamos nosso predador.

O instinto de permanecermos vivos é tão grande e cheio de esperança que acabamos por conseguir praticamente tudo que almejamos, desde que esteja ao alcance do nosso consciente emocional.

Tanto é verdade que, por vontade própria, consegui deixar minha companheira Donatella adormecida indefinidamente, sem perspectiva alguma de resgate. Deixar para trás aquela pessoa que me forçou a me tornar alguém que não me pertencia era uma questão de integridade para a minha alma.

A partir desse momento, em que vivia na mais profunda consciência da minha pessoa, percebi que precisava tomar as rédeas da minha própria vida. E isso tinha de ser o mais breve possível, para guiar-me de volta ao meu canto sagrado, à minha família. Precisava recuperar a minha unidade pessoal, retornar à minha dignidade, sem a dependência de alguém ou algo que supostamente me fora imposto unicamente pelo precioso senso de dever.

Bem, se conseguimos nos desvincular de nossas próprias armadilhas, descobrindo que nada nos pode ser imposto, por que escolhemos desafios por livre e espontâneo arbítrio? Por que, então, permitimo-nos tamanho sofrimento?

Logicamente não estou me referindo aos acontecimentos que nos são apresentados pela vida ou circunstâncias paralelas à nossa própria vontade. Afinal, não estamos vivendo tudo isso para disputar com Deus o lugar de mestre.

PERSPECTIVA SENSORIAL

"Alice: Como você sabe que eu sou louca?

Gato: Só pode ser. Se não, não teria vindo pra cá."

(**Lewis Carroll**, *Alice no país das maravilhas*)

Chegamos, então, ao cerne do problema: quem desejamos ser, afinal?

Peguei carona para o inconsciente nessa incrível jornada em que me encontrava. Completamente imersa na ideia de desfrutar todos os momentos que estava vivenciando, aproveitei para tirar o melhor daquilo que poderia me ajudar a crescer e a me situar como uma nova mulher nesse universo. Usufruí cada instante, como se fosse o último da minha vida.

Não posso deixar de ressaltar que essas escolhas se tornaram muito difíceis. Alguns dos momentos experimentados me obrigaram a me desvincular de decisões importantes que eu deveria tomar para me afastar dos conceitos que foram estabelecidos pelo padrão familiar. Os meus me embriagaram e me seduziram durante muito tempo.

Essa conduta, muitas vezes imposta por nós mesmos, ajuda a nos enquadrar na sociedade de uma forma mais conveniente, sem que seja preciso que nossa identidade original se rompa.

Para realizar todas essas travessias pelos mares e oceanos afora, é requisito primordial desenvolver a capacidade de discernimento com sabedoria e destreza para não corromper a ética estabelecida pela sociedade burguesa.

Olhar para trás provoca um resgate de lembranças que, na maioria das vezes, traz sensações deliciosas e saudosas de um período seguro e tranquilo que vivenciamos.

Temos que tomar cuidado para não estabelecer vínculos de dependência emocional repetitiva e dolorosa que possam nos afastar, mais uma vez, da realidade confiável.

É um vício e tanto sermos contemplados com a ilusão de felicidade e o sentimento de plenitude, oferecendo-nos escolhas aleatórias.

Basta fixar os olhos em nossos pés para que essas imagens nos tragam de volta ao mundo em que decidimos viver. Só assim conseguiremos lembrar como somos completos quanto às escolhas conscientes que realizamos em nossa vida, como a da valorização da autoestima.

Desse modo, podemos encontrar a maneira correta de nos amar para sermos presenteados com paz interna e alegria exterior. Somos senhores de nós mesmos e do nosso futuro.

Podemos escolher realizar uma viagem que tenha a capacidade de nos ajudar a libertar a alma, livrando-nos dos preconceitos que carregamos, destravando nossas convicções da sociedade, ou simplesmente uma viagem sem rumo e, possivelmente, sem retorno.

A liberdade não tem preço quando nos referimos ao sentido puro da existência espiritual. Não existe tristeza, abandono ou perda quando saímos de um espaço confortável para recomeçarmos a viver nos novos padrões de felicidade alcançados com a volta para casa.

Ela acontece quando descobrimos que nos amamos integralmente, fazendo-nos entender que somos seres livres e que devemos seguir nosso caminho sem depender emocionalmente de ninguém. Esse tipo de dependência muitas vezes não estabelece uma ligação com o consciente porque trabalha contra a nossa vontade, sabotando-nos praticamente durante todo o tempo em que nos encontramos fora do eixo.

Alguns até chegam a chamar isso de mau presságio, falta de sorte, alma perdida ou energia pesada. O importante é podermos compreender essas características inerentes à nossa personalidade para não mascararmos a realidade.

Como podemos acusar os sabotadores, nossos agentes secretos, sem que eles percebam a mais ínfima acusação de fracasso? Precisamos procurar um alvo para justificar nossas fraquezas e nos desculpar pelas escolhas que cometemos.

PENSO, LOGO EXISTO

"Quem decide o que é apropriado?
Se o apropriado fosse usar um bacalhau na cabeça, você usaria?"
(**Lewis Carroll**, *Alice no país das maravilhas*)

Difícil mesmo é você descobrir que a palavra liberdade vem associada a outra: coragem. Essa ousadia, esse atrevimento que dificilmente conseguimos definir, carrega várias interpretações nas diferentes escalas sociais e culturais. Isso atesta, mais uma vez, que usufruir com soberania das escolhas feitas é uma bênção.

Então, mais uma vez, solta em meus novos conceitos e desprovida de autocrítica, continuei minha viagem por esse Mundo Encantado onde eu podia usufruir de uma liberdade incondicional, da capacidade de inovar e criar mecanismos para confrontar a realidade e me trazer a segurança necessária para me fazer acreditar que eu estava vivendo em perfeito juízo.

Não sei, ao certo, quando me dei conta de que vivia em outro lugar. Sem que eu pudesse notar a diferença entre o real e a fantasia, totalmente desprovida de sensações que eu imaginava ter vivenciado, entendi que não sabia definir nem perceber que eu já estava vivendo no Mundo Encantado.

Fui viver num lugar onde os limites e preconceitos eram inexistentes.

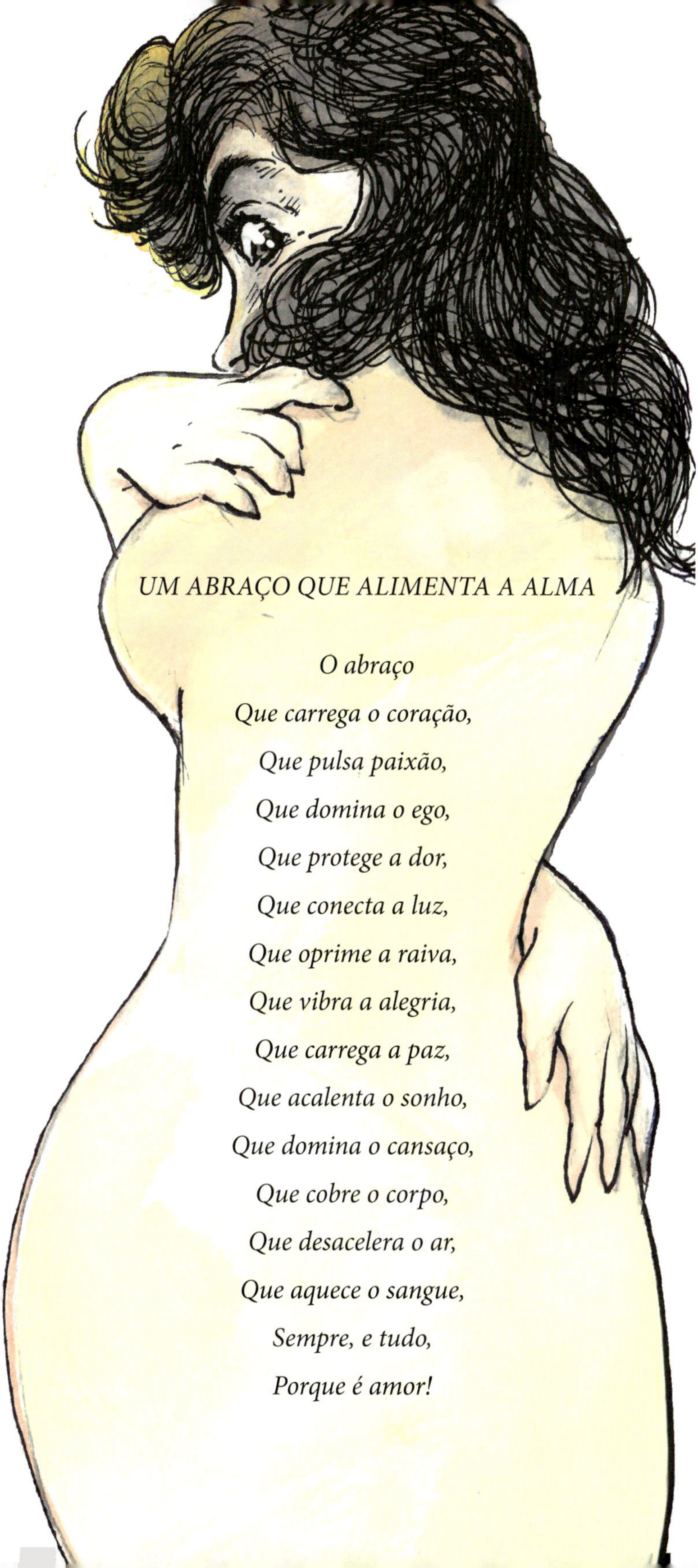

UM ABRAÇO QUE ALIMENTA A ALMA

O abraço
Que carrega o coração,
Que pulsa paixão,
Que domina o ego,
Que protege a dor,
Que conecta a luz,
Que oprime a raiva,
Que vibra a alegria,
Que carrega a paz,
Que acalenta o sonho,
Que domina o cansaço,
Que cobre o corpo,
Que desacelera o ar,
Que aquece o sangue,
Sempre, e tudo,
Porque é amor!

Comecei a enxergar e a sentir o que estava ao meu redor e a observar as situações simples para que dirigissem meus passos pelo caminho da paz, entorpecendo-me de alegria e êxtase.

Como é boa a sensação de sermos donos de nós mesmos, de sabermos que nem a nossa própria alma pode nos rotular. Viver sem julgamentos, uma única vez que seja, em toda a vida, é esplendorosamente libertador.

Confesso que esqueci completamente de deixar algum tipo de marcação ao longo da viagem que pudesse me trazer de volta ao presente, à realidade e às minhas memórias, quc sc cncontravam imprecisas.

Vivi momentos de amnésia completa, porém sabia que nada iria mudar aquele tempo, naquele lugar, com aquelas pessoas do jeito que eram. Deveria me adaptar se quisesse voltar para casa um dia. Foi uma experiência única. Um quê de poder fazer o que me aprouvesse e viver com tudo que desejasse, sem vieses nem atalhos. Ser livre de preconceitos, conceitos e afins.

Muito tempo depois de ter voltado para casa, consegui responder aos inúmeros questionamentos sobre a minha existência emocional.

Para ser livre, de verdade, precisamos abandonar os desejos imaturos de posse para carregar a própria existência.

Então, levo hoje comigo os meus amores no coração, o meu passado em minha memória e a fé de que posso criar um futuro cheio de alegria e flores para embelezar meus caminhos.

XI

REALIDADE PRESENCIAL

"Você não deve viver a vida como outras pessoas esperam que você viva; tem que ser sua escolha, pois, quando estiver lutando, você estará sozinho..."

(**Lewis Carroll**, *Alice no país das maravilhas*)

Muitas vezes nos confundimos em nossos conceitos pessoais e passamos a acreditar que, quando desistimos de alguma coisa importante para nós, é porque fracassamos ou fomos incapazes de tomar as rédeas de nossa própria vida.

Sentimo-nos incompetentes quando deparamos com armadilhas que inconscientemente armamos para nos sabotar e nos desviar do caminho de volta.

Na realidade, não desistimos de nada. Achamos que abandonamos a direção, mas somos lutadores e vitoriosos por natureza. Conseguimos, mesmo sem a compreensão e a cumplicidade de muitos, enfrentar o desafio monstruoso da sobrevivência. A aceitação de uma nova vida que não foi escolhida por nossa própria vontade pode nos enganar e trapacear, mas, mesmo assim, continuamos a caminhar em direção ao foco principal.

Morremos para poder renascer mais fortes e preparados para as adversidades que a vida nos faça enfrentar. Morremos para viver com muito mais intensidade e sabedoria. Morremos inúmeras vezes porque somos capazes de viver novamente, muitas outras.

Somos eternos vencedores. Aprendemos a nos amar mais do que qualquer outra coisa no mundo. Entendemos o quanto é bom podermos

Como algo inerente ao inconsciente coletivo, habituamo-nos a questionar os mais singelos sentimentos de amor e a mais pura existência física. Indagamos sobre a missão que nos obrigamos a cumprir e o desejo de superar os obstáculos durante nossa curta passagem nesta jornada.

Em resumo, fazemos um esforço imensurável para sermos vistos pelo mundo. Descobrimos, depois de algum tempo, que devemos deixar que a vida se encarregue de nos levar, porque simplesmente é muito mais fácil e coerente não remarmos contra a maré. Tornamo-nos visíveis quando recuperamos nossa existência espiritual, quando não deixamos mais que a ignorância seja o nosso guia.

Romper com os paradigmas da realidade nos obriga a abandonar o convencional para que, de volta ao nosso lar, possamos recuperar a identidade primária do ego.

Desenvolvemos poderes sobre-humanos, quase que mágicos, para nos reabilitar diante das novas situações depois da crise.

SOU DO TAMANHO QUE IMAGINO SER

"Porque você é sempre pequena demais ou grande demais?"

(**Lewis Carroll**, *Alice no país das maravilhas*)

Vivo num mundo em que tenho que aceitar não apenas os outros como eles são, mas, também, sua escolha de como desfrutar a vida. Existem pessoas que ainda não cumpriram sua viagem porque não estão preparadas para viver sua liberdade.

Sentimo-nos especiais, extraterrestres no meio de uma multidão que passa por nós, que nos observa, mas que não nos enxerga, não nos sente, não nos define. Identificar nossos companheiros de vida, aqueles que participam da mesma trajetória, remete-nos a uma maravilhosa sensação de bem-estar e conforto. Na verdade, um alívio, porque não precisamos mais fingir sobre a nossa existência pessoal. Sabemos que podemos ser facilmente reconhecidos pelo fato de que eles também experimentaram a mesma vivência.

Então, começamos a conviver com nossos semelhantes, passamos a aceitar as nossas novas condições físicas e sociais. Não porque nos sentimos excluídos pelos demais, mas porque não precisamos justificar nossas escolhas nem os novos sentimentos adquiridos.

Não somos diferentes na aparência, somos modificados na alma.

Devemos ajudar os semelhantes a realizar a passagem pelo consciente para tentarem uma colocação mais verdadeira e justa sobre os significados deles próprios. Enquanto todos estiverem misturados entre si, homogeneizados e massificados, não conseguirão retomar seu lugar no universo.

EU?

"Eu não consigo me explicar, estou com medo, senhor, porque eu não sou eu mesma, você não vê?"
(**Lewis Carroll**, *Alice no país das maravilhas*)

Por que eu?

Conheci uma grande alma, uma guerreira de verdade. Estava trabalhando para organizar uma exposição de arte em São Paulo quando me apresentaram a Zanza, artista plástica de Blumenau. Cheia de energia e determinada, lutou pela vida diversas vezes. Procurou sua essência na arte, o caminho para a cura da alma e do corpo, produzindo bailarinas com os galhos secos de árvores encontrados às margens do rio Cedro. Buscou todas as alternativas para a melhoria e aprendeu que é preciso ter fé e ir fundo no autoconhecimento. As escolhas e a vida que vivemos refletem no nosso corpo.

"O mergulho fundo dentro de nós mesmas nos dará forças e alguma explicação. O poder do pensamento é o nosso maior aliado. Sempre que alguma coisa na vida nos coloca diante de fatos que temos que encarar e lutar muito para sobreviver, a primeira pergunta é: por que eu? Mas a resposta que vem para mim: por que não eu? Em que sou melhor ou pior que qualquer outra pessoa? Afinal, sou um espírito em evolução na escola da vida e esta será mais uma prova que terei de vencer e sair fortalecida."

XII

MEUS FILHOS, MEU LAR

"Entenda os seus medos, mas jamais deixe que eles sufoquem os seus sonhos."
(**Lewis Carroll**, *Alice no país das maravilhas)*

Os filhos, verdadeiros tesouros, são a maior recompensa que, acredito, uma mulher possa ter em sua vida madura. Um amor incondicional que faz os olhos marejarem de lágrimas, a pele arrepiar e os pelos do corpo se eriçarem num conjunto harmonioso com o batimento cardíaco.

Minha missão de vida sempre foi ser mãe. Amo essa profissão e idealismo que a vida nos oferece quando a acolhemos. Eles são a tradução da minha infância, da minha alegria primária, da alma que se apega ao colo, que chora e encanta.

A maior dificuldade que encontrei nessa trajetória foi descobrir que eu já me encontrava sozinha, que meus filhos estavam vivendo a vida deles, separados do seio familiar. Sempre planejei para que pudessem estar estruturados e caminharem por conta própria na sua maturidade. Mas nunca imaginei que a individualidade deles aconteceria tão rapidamente e de modo tão inconsciente.

O desapego é uma ação difícil e complicada. De uma hora para outra, eles passam a ter seus próprios discernimentos e opiniões inerentes às suas atitudes.

Dez dias depois da minha primeira cirurgia para extração de um tumor mamário, levei meu filho do meio para estudar fora do Brasil. Tive a nítida sensação de que, quando o deixei lá, um pedaço de mim havia ficado. Uma parte da minha razão e alegria tinha se congelado num espaço difícil de descrever e transcrever em palavras.

Os meses seguintes foram muito difíceis. A distância, o fuso horário, a dificuldade de conexão, o tempo livre, enfim, contribuíram para que eu realmente me sentisse dividida. Dois amores ao meu lado e um em outro continente.

Um enorme sentimento de vazio preencheu os meus dias. Uma parte perdida sem definição. Entre idas e vindas, sentia cada vez mais que o cordão que nos conectava estava esticado ao seu máximo. Precisava cortá-lo. Era minha responsabilidade e a razão à qual eu havia me proposto: criar os filhos para o mundo.

Chegou o dia em que eu o deixei ir. Estava segura de que ele estava feliz, buscando uma vida com seus próprios valores e conceitos adquiridos.

Neste continente, porém, existiam duas almas que igualmente precisavam de mim. Percebi que os dois filhos que haviam ficado morando comigo estavam iniciando também um processo de decolagem rumo à liberdade de expressão e construção individual de seus conceitos.

Esse movimento se deu por razões naturais da própria maturidade que tinham, somadas a uma mãe vítima de si mesma e das consequências dos acontecimentos que rodeavam a vida deles diariamente.

O.k., eu sabia que era o momento ideal para deixá-los voar.

Por ironia do destino me perdi mais do que barata tonta. Cada filho desempenha um papel importante dentro da estrutura familiar. Quando falta algum, a balança se desequilibra, pende cada hora para um lado, provoca outros movimentos para recuperar o equilíbrio.

Eu estava vivendo uma experiência nova de um pós-câncer: um filho no exterior, dois outros emocionalmente dependentes, um divórcio e uma casa sem dono. Uma grande mentira e uma enorme dificuldade financeira.

Foi quando, depois de muita pressão, resolvi fazer algo diferente com a minha vida. Sempre apoiada pelos meus três filhos, decidi não lutar contra o destino que me aguardava. Deixei-me ser levada pela enorme tempestade que pairava sobre nossa cabeça e parti na certeza de que os estava deixando para poder voltar melhor e inteira. Sabia que o amor deles por mim seria a força motriz necessária para que eu encontrasse a luz de volta para casa. Meu caminho se iluminou de alegria e esperança.

O desapego do controle familiar, naquele momento, era minha única opção, minha sobrevivência. A única coisa que poderia me salvar era tomar distância de todas as minhas sensações mortais.

Hoje, eles absorveram essa tempestade que passamos juntos com maturidade e muito amor entre eles. Entenderam onde estavam e começaram a viver sua própria vida, independentes, buscando seus caminhos e tomando suas decisões de acordo com seus princípios morais e éticos.

Sou uma mãe orgulhosa, feliz e realizada.

Eles são o reflexo da bondade, integridade e amorosidade. Cresceram e se tornaram pessoas maravilhosas, com perspectiva de vida e uma enorme bagagem de vitória e sucesso.

Esses são os meus três filhos, minha vida, meus heróis, que me suportaram e me trouxeram de volta, junto com a ajuda do Espírito Santo de Deus.

Teus filhos não são teus filhos
São filhos e filhas da vida, anelando por si própria.
Vêm através de ti, mas não de ti
E, embora estejam contigo, a ti não pertencem.
Podes dar-lhes amor, mas não teus pensamentos,
Pois que eles têm seus pensamentos próprios.
Podes abrigar seus corpos, mas não suas almas,
Pois que suas almas residem na casa do amanhã,
Que não podes visitar sequer em sonhos.
Podes esforçar-te por te parecer com eles, mas não procureis fazê-los semelhante a ti,
Pois a vida não recua, não se retarda no ontem.
Tu és o arco do qual teus filhos, como flechas vivas, são disparados...
Que a tua inclinação na mão do Arqueiro seja para a alegria.

Khalil Gibran

XIII

VIVENDO O PRESENTE

" — Quando eu uso uma palavra - disse Humpty Dumpty num tom escarninho - ela significa exatamente aquilo que eu quero que signifique ... nem mais nem menos.
— A questão - ponderou Alice – é saber se o senhor pode fazer as palavras dizerem coisas diferentes.
— A questão - replicou Humpty Dumpty – é saber quem é que manda. É só isso."

(**Lewis Carroll**, *Alice no país das maravilhas*)

Vou contar um segredo muito importante e sério: eu nunca saí daqui! Enganei você, não é?

Viajei porque me deixei vencer pelo medo e pela falta de confiança que existia em mim mesma, a falta de coragem para enfrentar o presente e a realidade dura e cruel em que eu me encontrava.

Ou seja, fiz o que era necessário durante esse trajeto pelo Mundo Encantado para que eu experimentasse a convivência verdadeira com a minha identidade atual. Isso me ajudou a chegar aonde estou agora, presente e consciente do meu estado físico, mental e espiritual.

Toda viagem requer documentos, pesquisa sobre o local a conhecer, mala com roupas e pertences para melhor assegurar nosso conforto. Toda ida tem uma volta. A maneira como transmutamos vai depender do tipo de transporte que usamos, aéreo, terrestre ou espacial.

Esses passeios não necessitam de conhecimento acumulado, experiências vividas ou contatos adquiridos. Simplesmente exigem que não nos preparemos, que não carreguemos nada, a não ser nós mesmos, nossa alma, nosso corpo físico e nosso espírito.

O que acontece, de fato, é que nunca estamos preparados para as adversidades da vida. Não somos avisados com antecedência para onde estamos indo nem o porquê de estarmos vivendo determinadas situações.

Muito simples. Alice passa e nos carrega pelos nossos desejos mais íntimos. Não existe uma hora certa, um momento ideal para que possamos realizar essa viagem pelo Mundo Encantado. O que existe somos nós mesmos e um imenso desejo de nos encontrarmos num lugar seguro.

Precisamos querer sair do lugar e, para isso, temos de aceitar a nova vida que recebemos como uma bênção dada por Deus.

Devemos enxergar a oportunidade que encontramos para transformar nossos conceitos em algo produtivo e positivo, para trazer para o consciente os nossos inimigos pessoais, aqueles que habitam no interior mais profundo da nossa mente.

Isso requer também habilidade especial na crença de que tudo dará certo. Existe uma força no universo que trabalha a nosso favor, atraindo novas oportunidades para vivermos sem perder o respeito e a dignidade humana.

Esse passeio não atrapalha as pessoas que estão no nosso caminho, não tira ninguém de nossa rota nem rouba nossos sonhos. A viagem

Livrei-me do passado no dia em que perdoei a mim mesma. E a todos que, por ventura, pudessem ter corroborado a sensação de fracasso que se refletia em meus sentimentos mais íntimos, na minha vida afetiva e profissional.

Transformei meu fracasso em sucesso. Minha culpa foi sumindo de acordo com o carinho, a amizade e o amor que recebia daqueles que estavam participando da minha busca: Vi, Lu, Giu, Papi, Mami, Tia Cecília, Andréa, Teo, Luísa, Eve, Yara, Rê, Thé, Dê, Paula, Mary, Vivi, Elena, Jackie, Jô, Rita, Nena, Naná, Tunico, Carlão, Lelê, Gui, Rafa e Bruno.

Estipulei novas perspectivas para minha vida. Reinventei-me realizando um novo trabalho, aproveitando minha experiência para seguir em frente de maneira positiva e acolhedora.

Criei em mim mesma a confiança necessária para ajudar mulheres que sofriam de câncer, aumentando sua autoestima e dando suporte para que não se sentissem perdidas nesse novo universo que estavam atravessando.

Depois de vinte e quatro meses trabalhando, ganhei parceiros maravilhosos e um instituto que tem como objetivo levar informação, educação e ciência para as mulheres com câncer, sem fronteiras pelo Brasil.

Hoje, aqui, vivendo sem limites impostos pelos outros, transmutei-me para sempre em uma dourada e majestosa fênix, um pássaro que se transformou em símbolo da imortalidade e do renascimento espiritual.

A fênix, quando morre, entra em autocombustão e, passado um tempo, renasce das próprias cinzas. Quando a ave sente a morte se aproximar, constrói uma pira de ramos de canela, sálvia e mirra, em cujas chamas se entrega à morte. Das cinzas, ergue-se então um novo pássaro, que deixa piedosamente os restos da sua progenitora num ovo de mirra.

HOJE

"Sou muito corajoso em geral só que, logo hoje, estou com dor de cabeça."

(**Lewis Carroll**, *Alice no país das maravilhas*)

Estou de volta, feliz e de bem com a vida. Com minha família, que me ensinou a preencher meus dias com alegria e amor, com velhos e novos amigos que me lembram todos os dias como sou importante. Recuperei minha autoestima, meu amor-próprio e todos os valores que sempre prezei. Criei novos relacionamentos com Deus, com meus filhos e com aqueles que também prezavam meu carinho e amor.

Se ainda sofro? Não. Sinto ainda fortes dores na alma que, porém, tornaram-se o combustível da minha locomotiva para que eu consiga seguir com meus projetos. Amanhã? Só a Deus pertence. Hoje, tenho a certeza de que venci mais um dia.

Desenvolvi aptidão para acreditar e aceitar que tudo passa, que sobrevivemos e, acima de tudo, que Ele não abandona seu filho, sequer um instante. Como não ser grata por esta vida abençoada?

Espero que eu consiga ajudar você nessa sua travessia, nessa viagem maravilhosa de retorno a si mesmo.

CINCO ANOS

Parece que foi ontem, uma eternidade.
Rápido demais, intenso ao extremo.
Quando poderia imaginar... Vivenciei mudanças
no meu corpo, na minha família, no meu coração,
nos meus amigos e no meu espírito.
Fui, por inúmeras vezes, abraçada e confortada.
Esses abraços me suportaram com amor, alegria e
me ajudaram a reinventar-me.
Renasci nas mãos de Deus e entreguei
aos Seus desejos a minha vida.

Ah, mas como amei e sorri!
Trago dessas lembranças a intensidade
e a paixão pela vida. Me revoltei? Muito.
Mas entendi quase tudo.
Não quero julgar e, sim, agradecer
por cada pedaço de vida que recebi
para me tornar o que sou hoje.
Hoje é um novo tempo!
Obrigada por tudo que conquistei e ganhei!
Primeiro dia correndo. De verdade!

Cristiana Castrucci

ALGUMAS QUESTÕES PARA VOCÊ PENSAR

I. *Mundo Encantado*

Que evento excepcional você vivenciou que possa levá-lo a uma viagem imaginária?

....

....

Em momentos de ameaça, qual cenário você recriaria para poder trazer seu inconsciente aos dias de hoje?

....

....

....

Qual era a brincadeira de que você mais gostava na sua infância?

....

Quando você se sentiu invisível?

....

....

II. *O Grande Dia*

Quando você estava perdido, em situação de desconforto, o que fez para encontrar-se?

....

....

....

....

Qual era o personagem da sua infância com que você mais se identificava?

....

....

Você tem jogo de cintura? Qual música prefere dançar?

Quais culpas o impedem de quebrar a barreira da imaginação?

III. *Viagem dos Sonhos*

Quem é a "Alice" da sua vida imaginária?

Quais os laços que você poderia criar entre a realidade e a fantasia para levá-lo ao Mundo Encantado?

Onde esteve escondido o seu personagem durante os acontecimentos inusitados em sua vida?

Como você poderia retornar à sua infância?

Quais recordações o prendem ao passado?

IV. *Resgate da Alma*

Qual a maior loucura que você já cometeu para ressignificar conceitos passados que não servem mais para sua vida presente?

....

....

....

....

....

Você se sente livre?

....

....

Qual parte da sua vida faz você se sentir fracionado?

....

....

V. *Caminhos Incertos*

Qual missão você se permitiu viver, mas não aceitou plenamente?

....

....

Você alguma vez já se fez de vítima? Sentiu-se confortável com isso?

....

....

....

O que você pode fazer para se libertar dos grilhões do vitimismo?

....

....

....

Quais são seus inimigos em seu imaginário?

VI. *A Vida como Ela É*

Como é sua jornada pela busca da consciência?

Que lembranças salutares podem ajudá-lo a realizar essa viagem?

Quem você precisa perdoar?

Que máscaras você escolheu para esconder seus medos?

Quais fraquezas o impediram de sentir novas e boas emoções?

Que armadilhas você cria para sabotar seus projetos de vida?

Você se permite um tempo para fazer o que gosta?

....

....

....

O que de mais importante você tem para guardar dentro de um relógio?

....

....

....

....

X. *Perspectiva Sensorial*

Seu estilo de vida o impede de ser feliz?

....

....

....

O que ameaça você em seu cotidiano?

....

....

Você consegue viver sem autojulgamentos?

....

....

XI. *Realidade Presencial*

Qual sua batalha pessoal?

....

....

Você se sente digno de suas conquistas?

Que qualidades o encorajam a prosseguir?

Que armas você possui para combater o bom combate?

XII. *Meus Filhos, Meu Lar*

Onde fica o seu verdadeiro lar?

Quem foi responsável por trazê-lo de volta para casa quando você se perdeu?

Qual amor é capaz de sustentá-lo nos momentos mais difíceis?

XIII. *Vivendo o Presente*

Em sua jornada pela autoconsciência, como você pretende voltar pra casa?

O que você aprendeu sobre si mesmo?

Está preparado para a próxima jornada?